はじめに

　「ゲーム理論」という言葉を聞いたことがあるでしょうか。人や企業をゲームのプレイヤーになぞらえたうえで、彼ら / 彼女らの最適な戦略を分析するという学問分野の名前です。

　大学でゲーム理論の講義があるのは経済学部や経営学部が多いと思います。本書はゲーム理論の練習問題を 300 問収録しています。◯◯◯◯◯◯◯問題集とは一味違います。タイトルのとおり、計算ドリルや漢字ドリルと◯◯◯◯◯◯◯◯◯◯◯◯◯◯ル」なのです。

　計算でも漢字でも英単語でもなんでもよい◯◯◯◯◯◯◯◯◯◯◯◯◯◯◯リルを使って勉強したことがあると思います。ドリルで◯◯◯◯◯◯◯◯◯◯算力や語彙など、算数・数学や国語、英語を学習するのに必要な基礎力が身に付きます。ゲーム理論の学習では「ゲームを解く力」が基礎力にあたります。そうした土台があって初めてゲーム理論を使うことが可能となるのです。

　幸いなことに、ゲーム理論についての背景知識がなくとも、解き方のルールさえ覚えてしまえばゲームを解くことができます（ゲーム理論では「解を求める」と言います）。この点が「ドリル」による繰り返し練習に向いていると筆者は考えています。

　「学問体系を無視して、ただ単にゲームが解けるだけでは意味がない」という意見もあるでしょう。

　しかし、筆者は必ずしもそうは思いません。ゲームを解くことはゲーム理論の学習や分析の基本ですから、「解く力」を身に付けることには意味があります。また、ゲームが解けないせいでゲーム理論の授業に嫌気がさしてしまう（そして、授業を追っていけなくなってしまう）学生は少なくありません。そうした学生にとって、ひとまず問題に答えが出せることは有益なはずです。ただし、ゲーム理論を体系的に学ぶために、ゲーム理論の教科書をきちんと読むことが必要であるのは言うまでもありません。

　何より、問題が解けるというのは、それ自体が楽しいものです。試みに、ゲーム理論の初学者であるゼミ生に問題を解いてもらったのですが、とても楽しそうに問題に取り組むのを見て、筆者が驚いたくらいです。「ゲームを解く」ことにはある種のパズル的な要素があります。「クロスワード」や「ナンプレ」など、多くのパズルが巷にあふれているなかで、本書をきっかけとして『ゲーム理論パズル』がそれらに仲間入りしたら、などと想像するとわくわくします。

　多くの方に本書をお使いいただけるなら、著者としてこれに勝る喜びはありません。

2023 年 3 月

土橋俊寛

本書の使い方

　本書は各節とも「例題」「解き方」「問題A」「問題B」で構成されています（一部の節は「問題A」のみ）。「問題A」と「問題B」の違いは以下のとおりです。
　（1）問題A……小テストや期末試験で出題されそうな基本問題
　（2）問題B……ゲームの利得構造に強くなるための発展問題

　ゲーム理論の知識がなくても、「解き方」をなぞれば「例題」が解けるように工夫してあります。また、「例題」の解き方についての解説動画をYouTubeで公開していますので、そちらもぜひご参照ください。

　筆者は本書の対象読者として3タイプを想定しています。以下では、対象読者ごとに本書の使い方を提案します。もちろんこれ以外の読者も大歓迎ですし、自分に合った方法で読んでいただいて構いません。

①「ゲーム理論」の授業内容を理解したつもりでも、いざ問題を解くとなるとうまくいかないという大学生

　本書は授業の復習や自習用に使うことができます。まずは「例題」を自分で解いてみてください。「例題」が解けなかったら「解き方」を読みます。数をこなせば問題は解けるようになりますので、まずは「問題A」をすべて解いてみてください。余力があれば「問題B」にも挑戦してみましょう。

②「役に立つゲーム理論」を謳う解説記事や一般書を読んで、ゲーム理論に興味をもった高校生や社会人

　ゲームを実際に解いてみることで、ゲーム理論の具体的なイメージをつかむことができます。「例題」「解き方」を読んだあとに自分で手を動かして「問題A」を解けば、解説記事や一般書に登場するゲーム理論の考え方がもっとよく理解できるでしょう。その後、現実の社会問題などを分析するのにゲーム理論がどう使えるのかを知りたくなったら、ゲーム理論の入門書に進むとよいでしょう。手前味噌ですが、拙著『ゲーム理論

（日評ベーシック・シリーズ）』（日本評論社）をおすすめします。

---

③数字を使ったパズルが好きなパズル愛好家

　学問としてのゲーム理論に興味がなくても、ゲーム理論を楽しむことができます。「例題」と「解き方」を読んで《パズルのルール》を覚えたら、「問題A」と「問題B」を解いてみてください（第4章は後回しにしてもよいと思います）。特に、「問題B」は難易度の高いパズルとして楽しめるはずです。ゲーム理論をパズルとして流行らせたいというのが筆者のひそかな野望です。

「ゲーム理論」に関する授業を持たれる先生方へ
本書には戦略形ゲームと展開形ゲームについての内容が12節あるため、講義内容と対応する節の問題を課題に指定すれば、それらの節を半期の講義内で終えることができます。また、授業の進捗に応じて、ベイジアンゲームの2節を課題に指定することもできます。ご自身で準備された講義資料や教科書を使いつつ、シラバスで明示した授業外学修のために本書を副読本や参考書としてご活用いただければ幸いです。

CONTENTS

第 1 章

支配戦略

1 支配戦略

例題　次の利得行列で表された戦略形ゲームについて、支配戦略を〇で囲みなさい。

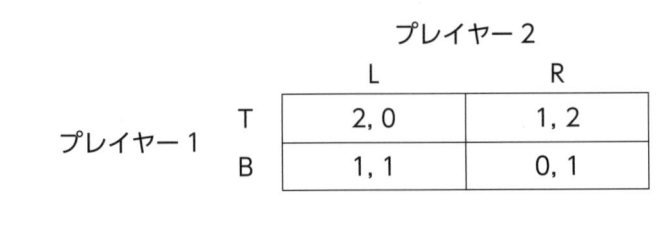

答え

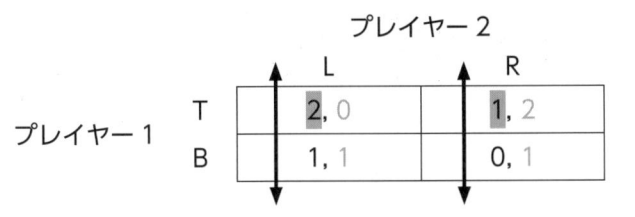

|||||| 解き方 |||||||||||||||||||||||||||||||||||||||||||||||||||||||||||||||||||||||||||||

ステップ 1　プレイヤー 1 の利得を縦方向に比べる。

プレイヤー 2

		L	R
プレイヤー 1	T	2, 0	1, 2
	B	1, 1	0, 1

　「L」に対しても「R」に対しても「T」の勝ち。相手の戦略が何であれ、「T」は他の戦略「B」より高い利得をもたらすため、「T」は支配戦略である。

ステップ 2　プレイヤー 2 の利得を横方向に比べる。

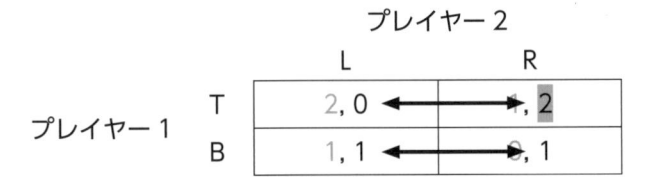

　「T」に対しては「R」の勝ち、「B」に対して「R」と「L」は引き分け。引き分けを含む場合は支配戦略とは言えないため、プレイヤー 2 には支配戦略がない。

問題 Ⓐ 次の利得行列で表された戦略形ゲームについて、支配戦略を〇で囲みなさい。

(1)   プレイヤー 2

		L	R
プレイヤー 1	T	2, 1	1, 2
	B	1, 0	0, 1

(6)   プレイヤー 2

		L	R
プレイヤー 1	T	100, 10	1, 100
	B	1, 100	10, 0

(2)   プレイヤー 2

		L	R
プレイヤー 1	T	0, 0	1, 1
	B	1, 0	2, 2

(7)   プレイヤー 2

		L	R
プレイヤー 1	T	1, 2	0, 1
	M	2, 3	0, 2
	B	3, 1	1, 0

(3)   プレイヤー 2

		L	R
プレイヤー 1	T	1, 1	0, 2
	B	0, 2	2, 1

(8)   プレイヤー 2

		L	C	R
プレイヤー 1	T	2, 0	0, 2	1, 1
	B	3, 2	1, 3	2, 0

(4)   プレイヤー 2

		L	R
プレイヤー 1	T	1, 3	3, 2
	B	2, 0	0, 1

(9)   プレイヤー 2

		L	C	R
プレイヤー 1	T	2, 0	1, 0	3, 1
	M	0, 1	0, 1	0, 2
	B	1, 2	0, 0	2, 3

(5)   プレイヤー 2

		L	R
プレイヤー 1	T	100, 1	10, 100
	B	1, 0	0, 10

(10)   プレイヤー 2

		L	C	R
プレイヤー 1	T	2, 2	0, 0	3, 1
	M	3, 2	0, 1	1, 0
	B	0, 2	1, 1	2, 1

問題 B 次の利得行列で表された戦略形ゲームについて、プレイヤー1の戦略「T」と
プレイヤー2の戦略「L」が支配戦略となるように、0～3の整数を空欄に入れなさい。
ただしあてはまる数値が1つとは限らない。

(1)

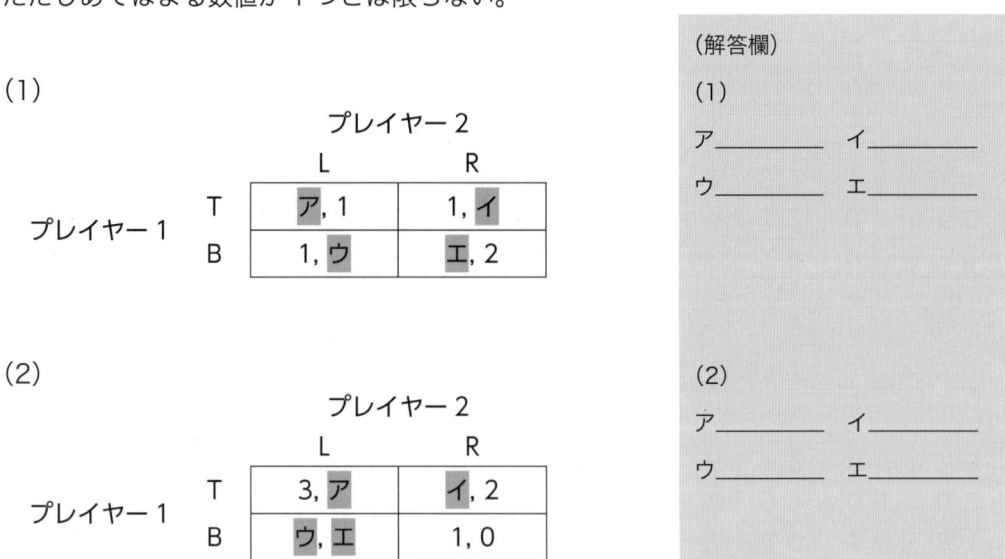

プレイヤー2

プレイヤー1		L	R
	T	ア, 1	1, イ
	B	1, ウ	エ, 2

(2)

プレイヤー2

プレイヤー1		L	R
	T	3, ア	イ, 2
	B	ウ, エ	1, 0

(3)

プレイヤー2

プレイヤー1		L	R
	T	2, 2	ア, イ
	B	ウ, エ	0, 0

(4)

プレイヤー2

プレイヤー1		L	R
	T	ア, イ	2, 1
	B	1, 2	ウ, エ

(5)

プレイヤー2

プレイヤー1		L	R
	T	ア, 1	1, 0
	M	2, イ	ウ, 2
	B	1, 2	0, エ

（解答欄）

(1)
ア＿＿＿＿　　イ＿＿＿＿
ウ＿＿＿＿　　エ＿＿＿＿

(2)
ア＿＿＿＿　　イ＿＿＿＿
ウ＿＿＿＿　　エ＿＿＿＿

(3)
ア＿＿＿＿　　イ＿＿＿＿
ウ＿＿＿＿　　エ＿＿＿＿

(4)
ア＿＿＿＿　　イ＿＿＿＿
ウ＿＿＿＿　　エ＿＿＿＿

(5)
ア＿＿＿＿　　イ＿＿＿＿
ウ＿＿＿＿　　エ＿＿＿＿

(6)

プレイヤー2

		L	R
	T	ア, 2	3, イ
プレイヤー1	M	0, 1	1, ウ
	B	2, エ	オ, 1

(6)

ア＿＿＿＿　イ＿＿＿＿

ウ＿＿＿＿　エ＿＿＿＿

オ＿＿＿＿

(7)

プレイヤー2

		L	C	R
プレイヤー1	T	ア, 1	1, 0	2, イ
	B	2, ウ	エ, 0	0, 2

(7)

ア＿＿＿＿　イ＿＿＿＿

ウ＿＿＿＿　エ＿＿＿＿

(8)

プレイヤー2

		L	C	R
プレイヤー1	T	2, ア	イ, 2	1, ウ
	B	エ, 1	2, オ	カ, 0

(8)

ア＿＿＿＿　イ＿＿＿＿

ウ＿＿＿＿　エ＿＿＿＿

オ＿＿＿＿　カ＿＿＿＿

(9)

プレイヤー2

		L	C	R
	T	ア, 1	1, 0	2, イ
プレイヤー1	M	2, ウ	0, 2	0, 1
	B	1, 2	0, 1	エ, 0

(9)

ア＿＿＿＿　イ＿＿＿＿

ウ＿＿＿＿　エ＿＿＿＿

(10)

プレイヤー2

		L	C	R
	T	2, 2	1, ア	イ, 0
プレイヤー1	M	ウ, 3	0, 2	1, エ
	B	0, オ	カ, 0	2, 0

(10)

ア＿＿＿＿　イ＿＿＿＿

ウ＿＿＿＿　エ＿＿＿＿

オ＿＿＿＿　カ＿＿＿＿

2 弱支配戦略

例題 次の利得行列で表された戦略形ゲームについて、支配戦略を〇で囲み、弱支配戦略を△で囲みなさい。

プレイヤー2

		L	R
プレイヤー1	T	2, 0	1, 1
	B	0, 1	1, 0

答え

プレイヤー2

		L	R
プレイヤー1	△T	2, 0	1, 1
	B	0, 1	1, 0

|||||| 解き方 ||||||||||||||||||||||||||||||||||||||||||||||||||||||||||||

ステップ1 プレイヤー1の利得を縦方向に比べる。

プレイヤー2

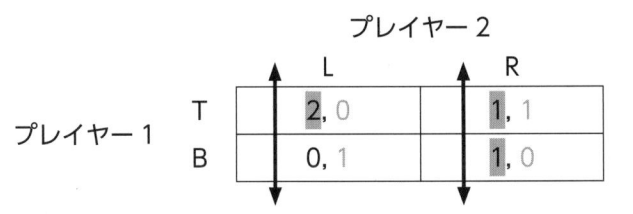

「L」に対しては「T」の勝ち、「R」に対して「T」と「B」は引き分け。相手の戦略が何であれ、「T」は他の戦略（「B」）以上の利得をもたらすため、「T」は弱支配戦略である。

ステップ2 プレイヤー2の利得を横方向に比べる。

プレイヤー2

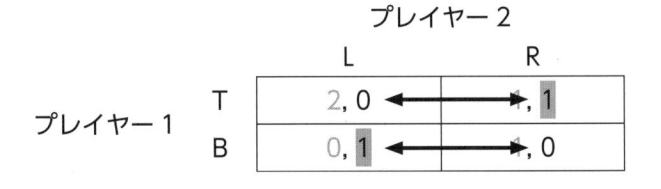

「T」に対しては「R」の勝ち、「B」に対しては「L」の勝ち。つまり、プレイヤー2には支配戦略も弱支配戦略もない。

問題 Ⓐ 次の利得行列で表された戦略形ゲームについて、支配戦略を〇で囲み、弱支配戦略を△で囲みなさい。

(1)

		プレイヤー2	
		L	R
プレイヤー1	T	2, 1	1, 2
	B	1, 0	0, 0

(6)

		プレイヤー2	
		L	R
プレイヤー1	T	100, 10	1, 100
	B	1, 100	0, 0

(2)

		プレイヤー2	
		L	R
プレイヤー1	T	0, 0	2, 1
	B	1, 0	2, 2

(7)

		プレイヤー2	
		L	R
プレイヤー1	T	1, 1	1, 0
	M	0, 0	2, 2
	B	1, 1	1, 2

(3)

		プレイヤー2	
		L	R
プレイヤー1	T	1, 1	2, 2
	B	0, 2	2, 1

(8)

		プレイヤー2		
		L	C	R
プレイヤー1	T	2, 0	0, 2	1, 1
	B	2, 3	1, 3	0, 0

(4)

		プレイヤー2	
		L	R
プレイヤー1	T	1, 2	0, 2
	B	0, 1	2, 0

(9)

		プレイヤー2		
		L	C	R
プレイヤー1	T	2, 0	1, 0	2, 1
	M	0, 1	1, 1	0, 2
	B	1, 2	0, 0	2, 2

(5)

		プレイヤー2	
		L	R
プレイヤー1	T	10, 1	1, 100
	B	1, 0	0, 0

(10)

		プレイヤー2		
		L	C	R
プレイヤー1	T	2, 2	0, 0	2, 2
	M	3, 2	0, 2	1, 0
	B	0, 2	1, 1	2, 1

問題 B 次の利得行列で表された戦略形ゲームについて、プレイヤー1の戦略「T」とプレイヤー2の戦略「L」が支配戦略ではなく弱支配戦略となるように、0〜3の整数を空欄に入れなさい。ただしあてはまる数値が1つとは限らない。

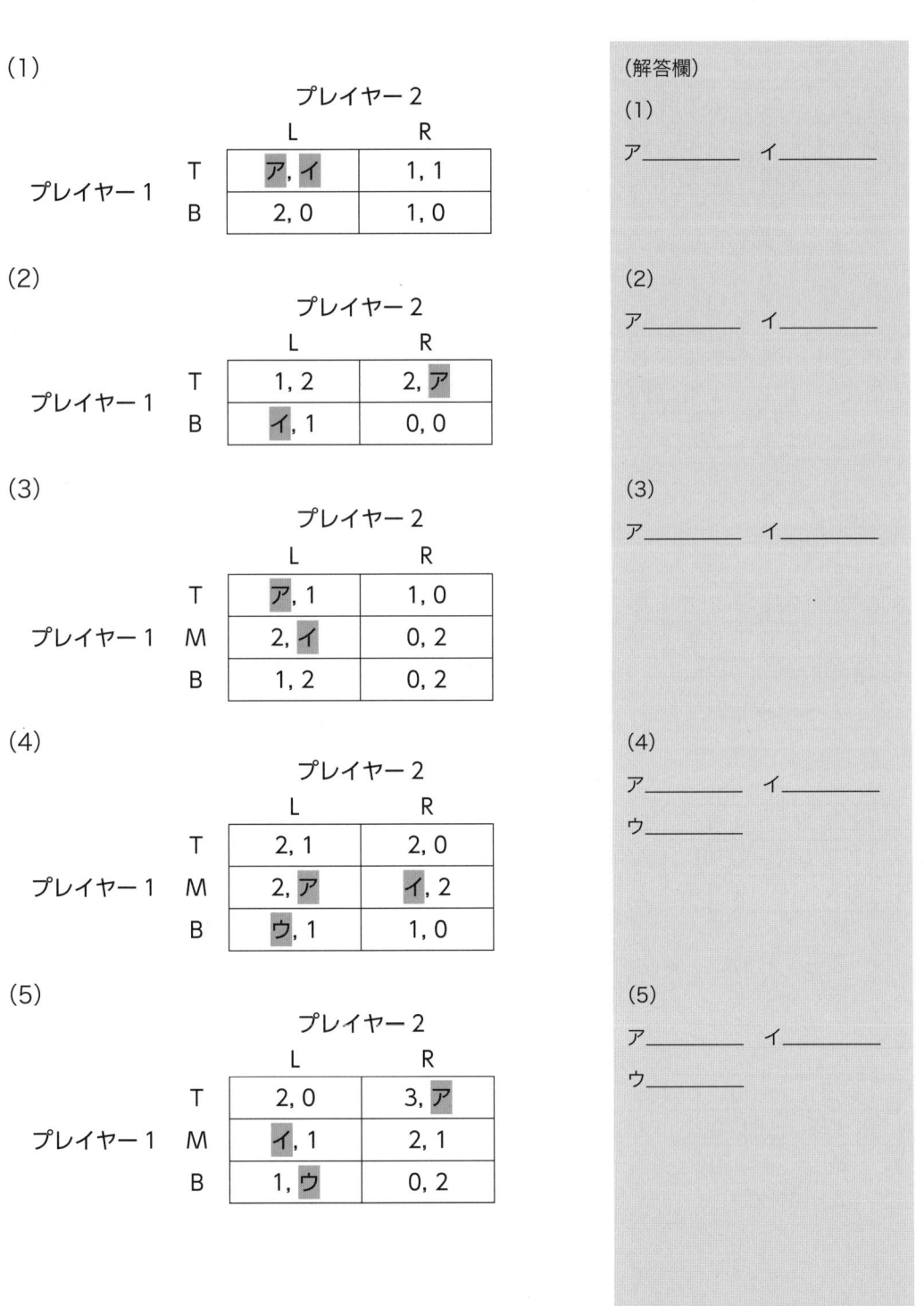

(1)

プレイヤー2

		L	R
プレイヤー1	T	ア, イ	1, 1
	B	2, 0	1, 0

(2)

プレイヤー2

		L	R
プレイヤー1	T	1, 2	2, ア
	B	イ, 1	0, 0

(3)

プレイヤー2

		L	R
プレイヤー1	T	ア, 1	1, 0
	M	2, イ	0, 2
	B	1, 2	0, 2

(4)

プレイヤー2

		L	R
プレイヤー1	T	2, 1	2, 0
	M	2, ア	イ, 2
	B	ウ, 1	1, 0

(5)

プレイヤー2

		L	R
プレイヤー1	T	2, 0	3, ア
	M	イ, 1	2, 1
	B	1, ウ	0, 2

(解答欄)

(1)

ア＿＿＿＿＿　イ＿＿＿＿＿

(2)

ア＿＿＿＿＿　イ＿＿＿＿＿

(3)

ア＿＿＿＿＿　イ＿＿＿＿＿

(4)

ア＿＿＿＿＿　イ＿＿＿＿＿

ウ＿＿＿＿＿

(5)

ア＿＿＿＿＿　イ＿＿＿＿＿

ウ＿＿＿＿＿

(6)

プレイヤー2

プレイヤー1		L	C	R
	T	ア, 1	1, 0	2, 1
	B	2, イ	1, 0	0, 2

(7)

プレイヤー2

プレイヤー1		L	C	R
	T	1, 2	0, 1	ア, 0
	B	1, 3	イ, ウ	1, 1

(8)

プレイヤー2

プレイヤー1		L	C	R
	T	1, 1	2, ア	3, 1
	B	イ, 1	1, 1	3, ウ

(9)

プレイヤー2

プレイヤー1		L	C	R
	T	ア, 1	1, 0	2, イ
	M	2, ウ	1, 2	0, 1
	B	1, 2	1, 1	エ, 2

(10)

プレイヤー2

プレイヤー1		L	C	R
	T	2, 3	1, 1	0, 2
	M	ア, 1	1, イ	ウ, 1
	B	2, エ	オ, 2	0, 2

（解答欄）

(6)
ア＿＿＿＿＿　イ＿＿＿＿＿

(7)
ア＿＿＿＿＿　イ＿＿＿＿＿
ウ＿＿＿＿＿

(8)
ア＿＿＿＿＿　イ＿＿＿＿＿
ウ＿＿＿＿＿

(9)
ア＿＿＿＿＿　イ＿＿＿＿＿
ウ＿＿＿＿＿　エ＿＿＿＿＿

(10)
ア＿＿＿＿＿　イ＿＿＿＿＿
ウ＿＿＿＿＿　エ＿＿＿＿＿
オ＿＿＿＿＿

┤ コーヒーブレイク ☕ ├

囚人のジレンマ

　警察が、銀行強盗の犯人だと目星を付けている2人組を、拳銃所持の容疑で逮捕した。取調官が2人を別室で取り調べているが、銀行強盗については証拠不十分のため、このままでは拳銃所持でしか起訴できそうもない。そこで、取調官は容疑者のそれぞれに対し、以下のような司法取引をもちかけた。

● 2人とも銀行強盗を「自白」したら、2人とも強盗罪で5年の懲役を科す。

● 2人とも「黙秘」したら、2人とも銃刀法違反で1年の懲役を科す。

● 2人のうち1人だけが銀行強盗を「自白」したら、「自白」した方は無罪放免（0年の懲役）とする。その代わり、「黙秘」した方は強盗罪で10年の懲役を科す。

　容疑者にとっては懲役の期間が短いほど望ましい。容疑者はそれぞれ「自白」「黙秘」のどちらを選ぶべきだろうか。

　このゲームは〈囚人のジレンマ〉と呼ばれ、次の利得行列で表される。

		容疑者2	
		黙秘	自白
容疑者1	黙秘	2, 2	0, 3
	自白	3, 0	1, 1

　どちらの容疑者も、支配戦略である「自白」を選ぶはずである。その結果、2人とも利得1（5年の懲役）を得る。しかし、どちらの容疑者も「黙秘」を選べば、2人とも利得2（1年の懲役）を得ることができる。

　2人が示し合わせて「黙秘」を選ぶことは可能だろうか。答えは「ノー」である。相手の選択が何であれ、「自白」が自分にとって常に望ましい選択肢だからである。これこそ支配戦略の定義でもある。2人のどちらも「黙秘」を選ぶという、双方にとって望ましい結果が見えているにもかかわらず、2人とも「自白」を選んでしまう。これこそが「ジレンマ」である。値下げ競争、取り付け騒ぎ*、軍拡などは〈囚人のジレンマ〉の一例である。

＊特定の金融機関への不信が広がり、預金者が一斉に預金を引き出す混乱

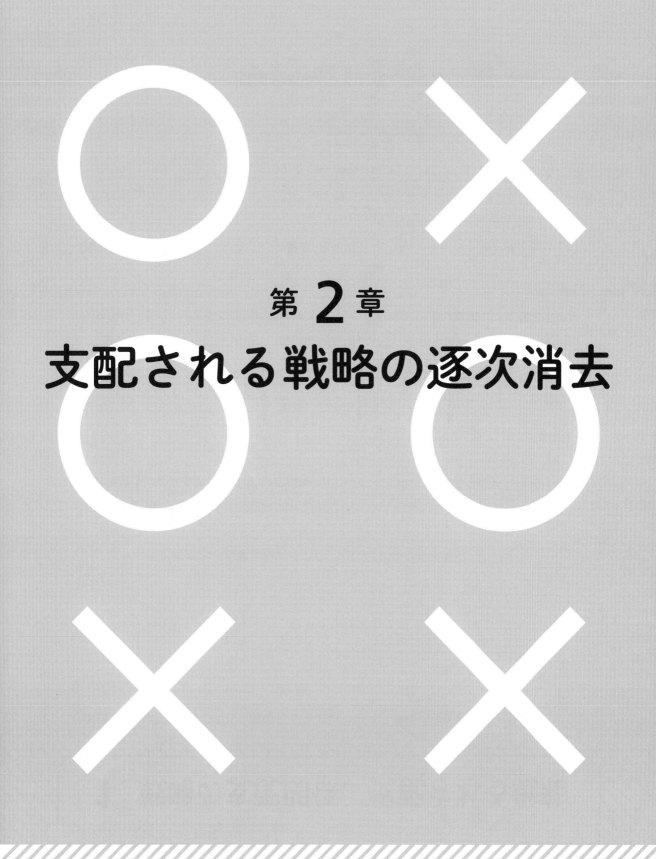

第 2 章

支配される戦略の逐次消去

1 戦略の支配関係、支配される戦略

例題 次の利得行列で表した戦略形ゲームについて、戦略の支配関係を答えなさい。

		プレイヤー2		
		L	C	R
プレイヤー1	T	2, 2	2, 1	1, 0
	B	1, 0	1, 2	2, 1

答え

プレイヤー2の戦略に支配関係があり、「C」が「R」を支配する。

|||||| **解き方** ||||||||||||||||||||||||||||||||||||||||||

ステップ1 プレイヤー1の2つの戦略「T」「B」について、利得を縦方向に比べる。

		プレイヤー2		
		L	C	R
プレイヤー1	T	**2**, 2	**2**, 1	1, 0
	B	1, 0	1, 2	**2**, 1

　「L」に対しては「T」の勝ち、「C」に対しては「T」の勝ち、「R」に対しては「B」の勝ち。「T」と「B」には優劣が付かないため、プレイヤー1の戦略には支配関係がない。

ステップ2 プレイヤー2の2つの戦略「L」「C」について、利得を横方向に比べる。

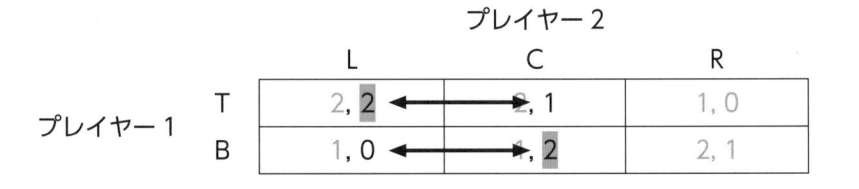

　「T」に対しては「L」の勝ち、「B」に対しては「C」の勝ち。「L」と「C」には優劣が付かない。

ステップ 3 プレイヤー 2 の 2 つの戦略「L」「R」について、利得を横方向に比べる。

「T」に対しては「L」の勝ち、「B」に対しては「R」の勝ち。「L」と「R」には優劣が付かない。

ステップ 4 プレイヤー 2 の 2 つの戦略「C」「R」について、利得を横方向に比べる。

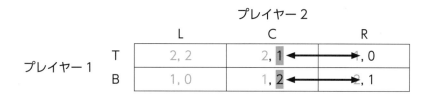

「T」と「B」の両方に対して「C」の勝ち。プレイヤー 2 の戦略には支配関係があり、「C」が「R」を支配する（「R」が「C」に支配される）。

問題 Ⓐ 次の利得行列で表した戦略形ゲームについて、戦略の支配関係の有無を答えなさい。支配関係がある場合には、どの戦略がどの戦略に支配されているのか、具体的な支配関係を答えなさい。

(1)

プレイヤー2

		L	R
プレイヤー1	T	2, 1	1, 2
	B	1, 0	0, 1

(2)

プレイヤー2

		L	R
プレイヤー1	T	1, 1	0, 0
	B	2, 0	2, 1

(3)

プレイヤー2

		L	R
	T	2, 1	0, 2
プレイヤー1	M	1, 1	2, 0
	B	0, 0	1, 1

(4)

プレイヤー2

		L	R
	T	1, 0	0, 2
プレイヤー1	M	0, 2	2, 0
	B	2, 1	1, 1

(5)

プレイヤー2

		L	R
	T	3, 2	1, 1
プレイヤー1	M	0, 3	2, 2
	B	1, 1	3, 0

(解答欄)

(1)
プレイヤー1：□有・□無
戦略「＿＿」が「＿＿」に支配されている。
プレイヤー2：□有・□無
戦略「＿＿」が「＿＿」に支配されている。

(2)
プレイヤー1：□有・□無
戦略「＿＿」が「＿＿」に支配されている。
プレイヤー2：□有・□無
戦略「＿＿」が「＿＿」に支配されている。

(3)
プレイヤー1：□有・□無
戦略「＿＿」が「＿＿」に支配されている。
プレイヤー2：□有・□無
戦略「＿＿」が「＿＿」に支配されている。

(4)
プレイヤー1：□有・□無
戦略「＿＿」が「＿＿」に支配されている。
プレイヤー2：□有・□無
戦略「＿＿」が「＿＿」に支配されている。

(5)
プレイヤー1：□有・□無
戦略「＿＿」が「＿＿」に支配されている。
プレイヤー2：□有・□無
戦略「＿＿」が「＿＿」に支配されている。

(6)

	プレイヤー2		
プレイヤー1	L	C	R
T	2, 1	1, 0	0, 2
B	1, 0	2, 2	1, 1

(6)
プレイヤー1：□有・□無
戦略「＿＿」が「＿＿」に支配されている。
プレイヤー2：□有・□無
戦略「＿＿」が「＿＿」に支配されている。

(7)

	プレイヤー2		
プレイヤー1	L	C	R
T	1, 0	2, 2	1, 1
B	0, 3	2, 1	2, 0

(7)
プレイヤー1：□有・□無
戦略「＿＿」が「＿＿」に支配されている。
プレイヤー2：□有・□無
戦略「＿＿」が「＿＿」に支配されている。

(8)

	プレイヤー2		
プレイヤー1	L	C	R
T	1, 1	0, 3	1, 0
B	2, 3	1, 1	2, 2

(8)
プレイヤー1：□有・□無
戦略「＿＿」が「＿＿」に支配されている。
プレイヤー2：□有・□無
戦略「＿＿」が「＿＿」に支配されている。

(9)

	プレイヤー2		
プレイヤー1	L	C	R
T	0, 3	2, 1	2, 2
M	3, 1	1, 0	1, 2
B	2, 0	0, 1	0, 2

(9)
プレイヤー1：□有・□無
戦略「＿＿」が「＿＿」に支配されている。
プレイヤー2：□有・□無
戦略「＿＿」が「＿＿」に支配されている。

(10)

	プレイヤー2		
プレイヤー1	L	C	R
T	1, 2	0, 1	1, 0
M	3, 1	3, 0	0, 3
B	2, 1	2, 0	3, 2

(10)
プレイヤー1：□有・□無
戦略「＿＿」が「＿＿」に支配されている。
プレイヤー2：□有・□無
戦略「＿＿」が「＿＿」に支配されている。

16

問題 **B** 次の利得行列で表された戦略形ゲームについて、プレイヤー1の戦略「B」が「T」に支配されるように、またプレイヤー2の戦略「R」が「L」に支配されるように、0～3の整数を空欄に入れなさい。ただしあてはまる数値が1つとは限らない。上記以外の支配関係が無いように数値を選ぶこと。

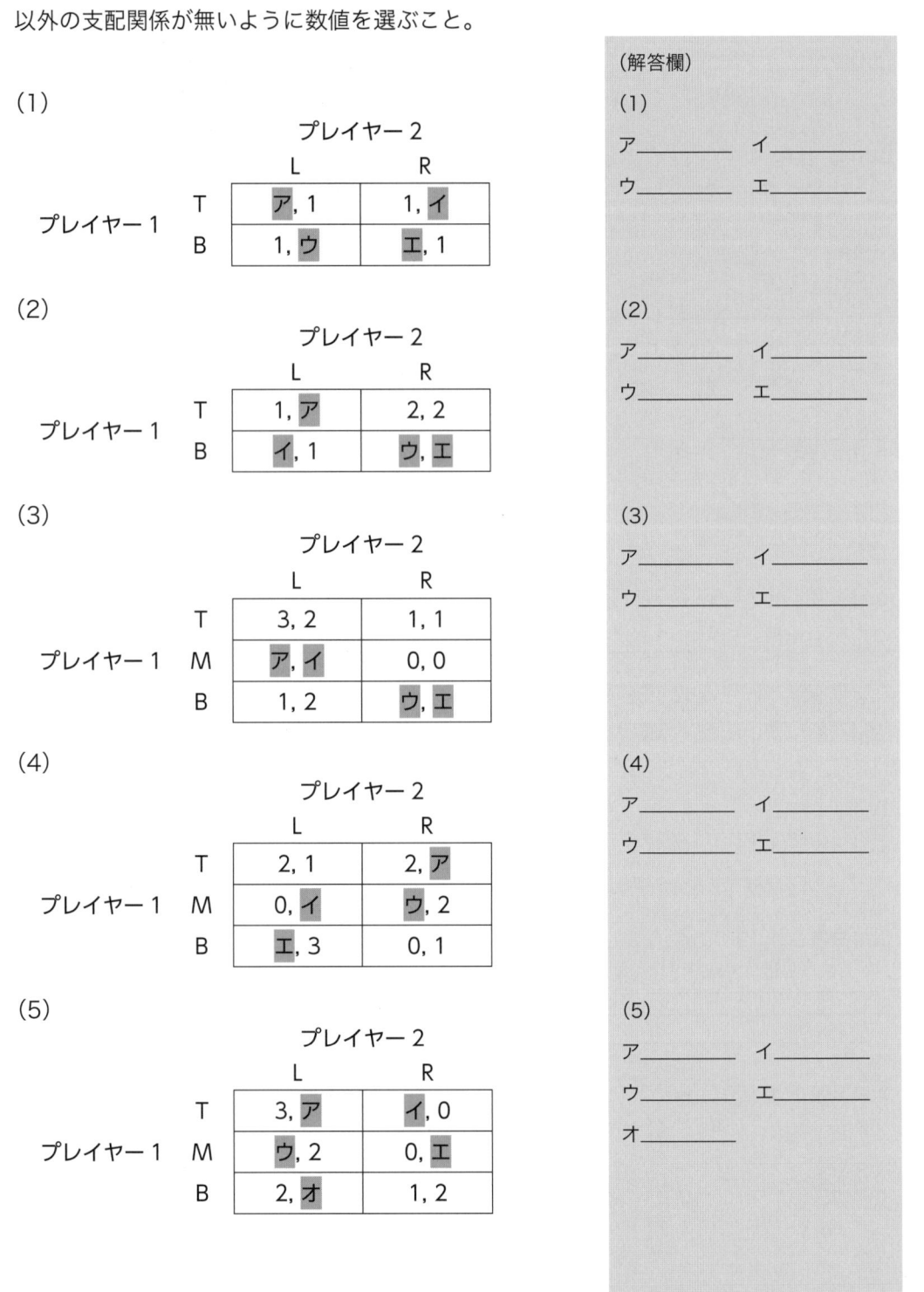

(解答欄)

(1)
ア＿＿＿＿　　イ＿＿＿＿
ウ＿＿＿＿　　エ＿＿＿＿

(2)
ア＿＿＿＿　　イ＿＿＿＿
ウ＿＿＿＿　　エ＿＿＿＿

(3)
ア＿＿＿＿　　イ＿＿＿＿
ウ＿＿＿＿　　エ＿＿＿＿

(4)
ア＿＿＿＿　　イ＿＿＿＿
ウ＿＿＿＿　　エ＿＿＿＿

(5)
ア＿＿＿＿　　イ＿＿＿＿
ウ＿＿＿＿　　エ＿＿＿＿
オ＿＿＿＿

(6)

		プレイヤー2		
		L	C	R
プレイヤー1	T	ア, 1	2, イ	1, ウ
	B	1, エ	オ, 0	0, 1

(7)

		プレイヤー2		
		L	C	R
プレイヤー1	T	1, 1	ア, イ	3, 0
	B	0, 3	0, 1	ウ, エ

(8)

		プレイヤー2		
		L	C	R
プレイヤー1	T	3, ア	2, 3	イ, 1
	B	ウ, 2	エ, 0	0, オ

(9)

		プレイヤー2		
		L	C	R
プレイヤー1	T	ア, 3	1, 1	2, イ
	M	2, ウ	2, 2	0, 0
	B	1, 3	0, 1	エ, 1

(10)

		プレイヤー2		
		L	C	R
プレイヤー1	T	3, 2	1, ア	イ, 0
	M	ウ, 1	0, 0	1, エ
	B	0, オ	カ, 0	2, 2

（解答欄）

(6)
ア＿＿＿＿　イ＿＿＿＿
ウ＿＿＿＿　エ＿＿＿＿
オ＿＿＿＿

(7)
ア＿＿＿＿　イ＿＿＿＿
ウ＿＿＿＿　エ＿＿＿＿

(8)
ア＿＿＿＿　イ＿＿＿＿
ウ＿＿＿＿　エ＿＿＿＿
オ＿＿＿＿

(9)
ア＿＿＿＿　イ＿＿＿＿
ウ＿＿＿＿　エ＿＿＿＿

(10)
ア＿＿＿＿　イ＿＿＿＿
ウ＿＿＿＿　エ＿＿＿＿
オ＿＿＿＿　カ＿＿＿＿

2 支配される戦略の逐次消去

例題　次の利得行列で表した戦略形ゲームについて、支配される戦略を二重線で逐次消去し、残った戦略を〇で囲みなさい。

答え

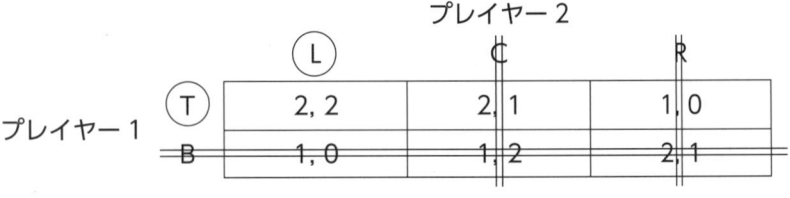

|||||| 解き方 ||||||||||||||||||||||||||||||||||||||||||||||||||||||||||||||||||||||||||||||||||

ステップ1　プレイヤー1の利得を縦方向に比べる。

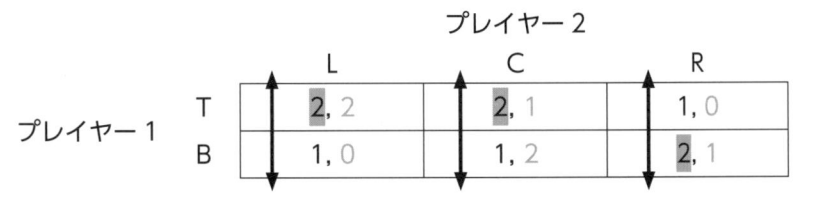

「L」に対しては「T」の勝ち、「C」に対しては「T」の勝ち、「R」に対しては「B」の勝ち。「T」と「B」には優劣が付かないため、プレイヤー1の戦略には支配関係がない。

ステップ2　プレイヤー2の利得を横方向にペアで比べる。

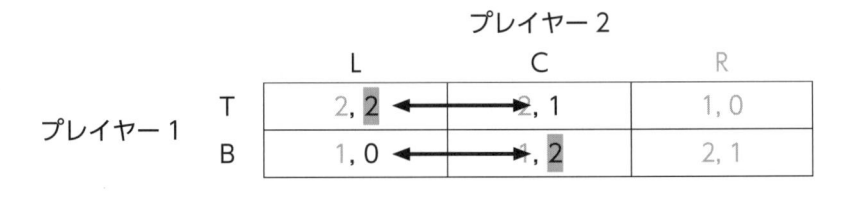

「T」に対しては「L」の勝ち、「B」に対しては「C」の勝ち。「L」と「C」には優劣が付かない。

「T」に対しては「L」の勝ち、「B」に対しては「R」の勝ち。「L」と「R」には優劣が付かない。

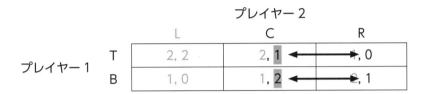

「T」に対しても「B」に対しても「C」の勝ち。プレイヤー2の戦略には支配関係があり、「C」が「R」を支配する。

ステップ3 支配される戦略「R」を消す。

プレイヤー2
	L	C	R
T	2, 2	2, 1	1, 0
B	1, 0	1, 2	2, 1

（プレイヤー1）

ステップ4 残った2×2の利得行列でプレイヤー1の利得を縦に比べる。

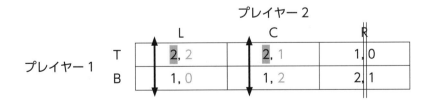

「L」に対しても「C」に対しても「T」の勝ち。プレイヤー1の戦略には支配関係があり、「T」が「B」を支配する。

ステップ 5 支配される戦略「B」を消す。

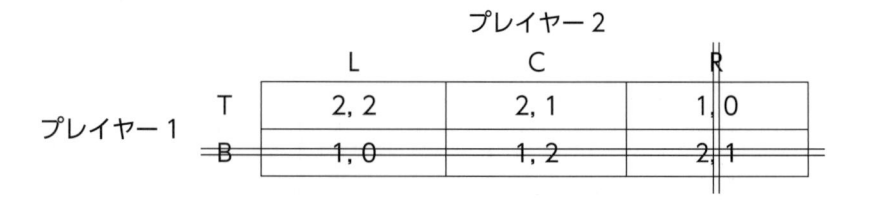

ステップ 6 残った 1×2 の利得行列でプレイヤー 2 の利得を横に比べる。

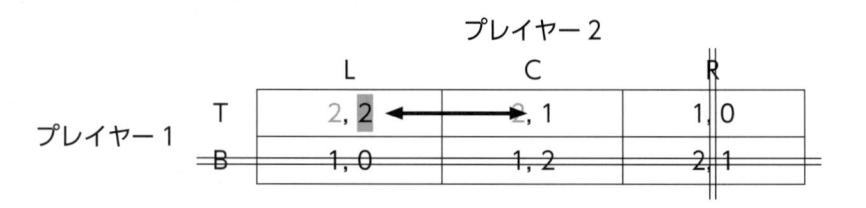

「T」に対して「L」の勝ち。プレイヤー 2 の戦略には支配関係があり、「L」が「C」を支配する。

ステップ 7 支配される戦略「C」を消して終わり。「T」と「L」が残る。

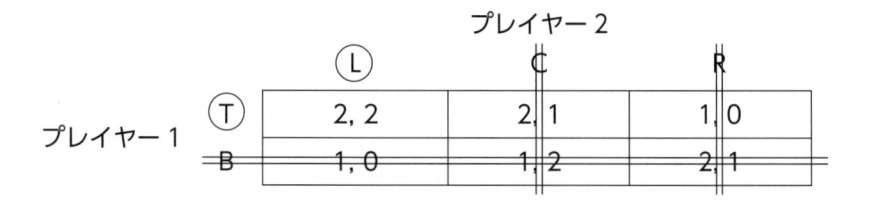

問題 **A** 次の利得行列で表した戦略形ゲームについて、支配される戦略を二重線で逐次消去し、残った戦略を〇で囲みなさい。

(1)

		プレイヤー 2	
		L	R
プレイヤー 1	T	2, 0	0, 1
	B	1, 1	2, 2

(2)

		プレイヤー 2	
		L	R
プレイヤー 1	T	1, 1	0, 2
	B	2, 1	2, 0

(3)

		プレイヤー 2	
		L	R
プレイヤー 1	T	1, 2	0, 3
	M	2, 3	2, 2
	B	3, 1	1, 0

(4)

		プレイヤー 2	
		L	R
プレイヤー 1	T	2, 0	1, 1
	M	0, 1	3, 3
	B	1, 1	2, 2

(5)

		プレイヤー 2		
		L	C	R
プレイヤー 1	T	2, 2	1, 0	0, 3
	B	1, 0	2, 2	2, 1

(6)

		プレイヤー 2		
		L	C	R
プレイヤー 1	T	2, 0	2, 2	1, 3
	B	0, 3	1, 2	0, 0

(7)

		プレイヤー 2		
		L	C	R
プレイヤー 1	T	2, 3	0, 1	1, 3
	M	1, 1	3, 2	3, 0
	B	3, 1	1, 2	2, 3

(8)

		プレイヤー 2		
		L	C	R
プレイヤー 1	T	0, 2	2, 1	2, 0
	M	2, 2	1, 1	0, 0
	B	1, 1	0, 3	3, 2

(9)

		プレイヤー 2		
		L	C	R
プレイヤー 1	T	3, 1	0, 3	2, 2
	M	1, 1	2, 0	1, 2
	B	3, 1	1, 3	0, 2

(10)

		プレイヤー 2		
		L	C	R
プレイヤー 1	T	3, 2	1, 0	1, 1
	M	1, 0	0, 1	0, 2
	B	0, 1	2, 0	3, 2

問題 B 次の利得行列で表された戦略形ゲームについて、支配される戦略の逐次消去によって戦略「T」と「L」のみが残るように、0～3の整数を空欄に入れなさい。ただしあてはまる数値が1つとは限らない。

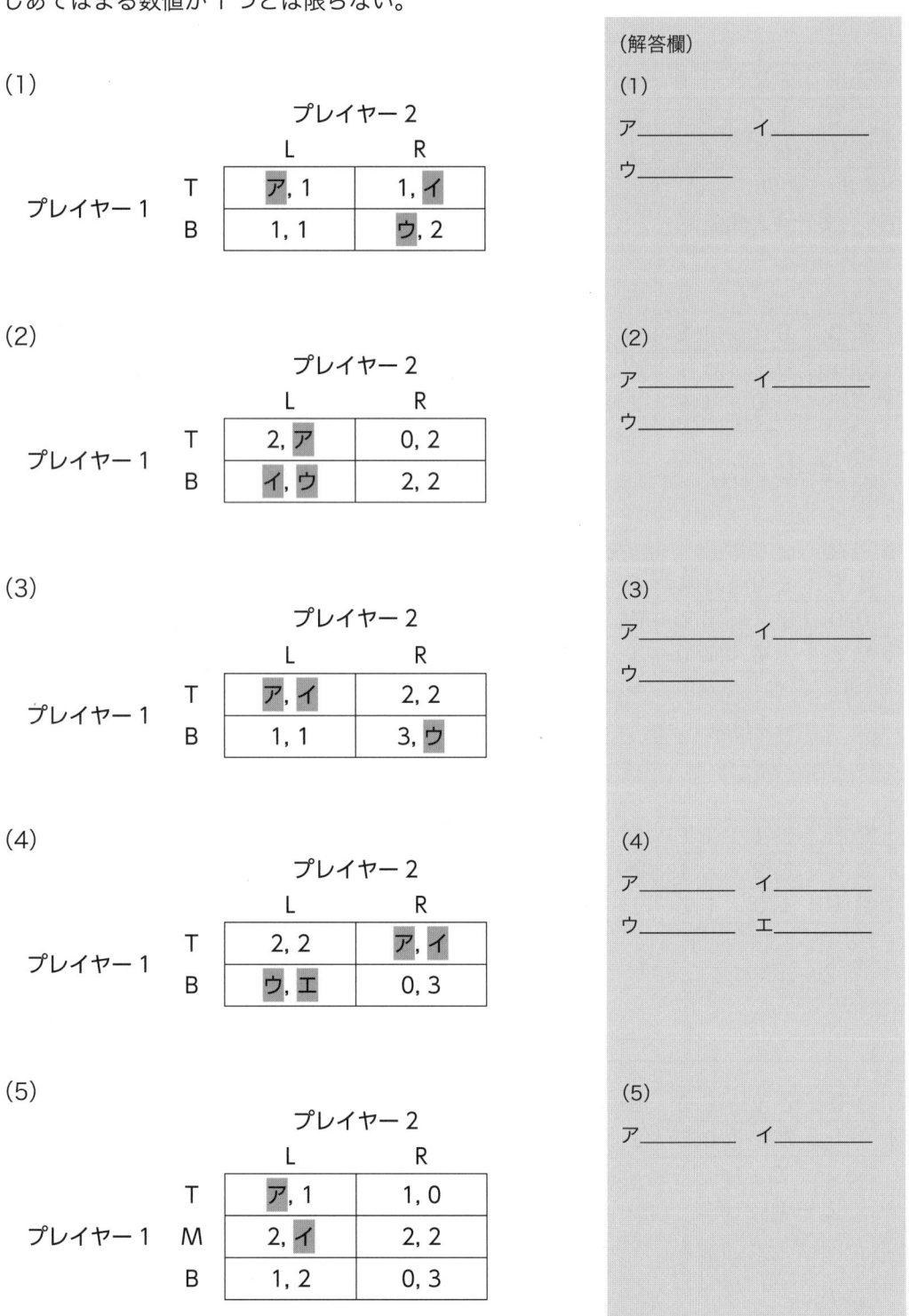

(1)

プレイヤー2

		L	R
プレイヤー1	T	ア, 1	1, イ
	B	1, 1	ウ, 2

(2)

プレイヤー2

		L	R
プレイヤー1	T	2, ア	0, 2
	B	イ, ウ	2, 2

(3)

プレイヤー2

		L	R
プレイヤー1	T	ア, イ	2, 2
	B	1, 1	3, ウ

(4)

プレイヤー2

		L	R
プレイヤー1	T	2, 2	ア, イ
	B	ウ, エ	0, 3

(5)

プレイヤー2

		L	R
	T	ア, 1	1, 0
プレイヤー1	M	2, イ	2, 2
	B	1, 2	0, 3

(解答欄)

(1)
ア_____　イ_____
ウ_____

(2)
ア_____　イ_____
ウ_____

(3)
ア_____　イ_____
ウ_____

(4)
ア_____　イ_____
ウ_____　エ_____

(5)
ア_____　イ_____

(6)

プレイヤー2

		L	R
	T	ア, 2	1, イ
プレイヤー1	M	0, 1	2, ウ
	B	1, 1	3, 0

(7)

プレイヤー2

		L	C	R
プレイヤー1	T	ア, 2	1, 0	2, イ
	B	0, 1	3, 0	0, 2

(8)

プレイヤー2

		L	C	R
プレイヤー1	T	1, 3	ア, 1	1, 2
	B	イ, 1	3, ウ	0, 3

(9)

プレイヤー2

		L	C	R
プレイヤー1	T	ア, 1	1, 0	2, イ
	M	2, ウ	0, 2	0, 1
	B	1, 2	0, 1	エ, 0

(10)

プレイヤー2

		L	C	R
プレイヤー1	T	3, 2	ア, イ	0, 0
	M	ウ, 0	1, エ	3, 1
	B	1, 1	オ, 0	1, カ

（解答欄）

(6)

ア_____ イ_____

ウ_____

(7)

ア_____ イ_____

(8)

ア_____ イ_____

ウ_____

(9)

ア_____ イ_____

ウ_____ エ_____

(10)

ア_____ イ_____

ウ_____ エ_____

オ_____ カ_____

3　弱く支配される戦略、弱く支配される戦略の逐次消去

例題　次の利得行列で表した戦略形ゲームについて、（弱く）支配される戦略を二重線で逐次消去し、残った戦略を〇で囲みなさい。

答え

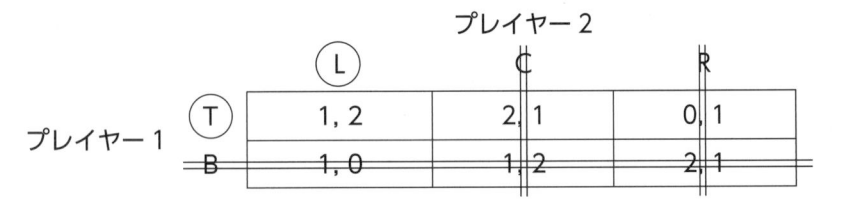

|||||| ||| 解き方 ||||||||||||||||||||||||||||||||||||||||||||||

ステップ1　プレイヤー1の利得を縦に比べる。

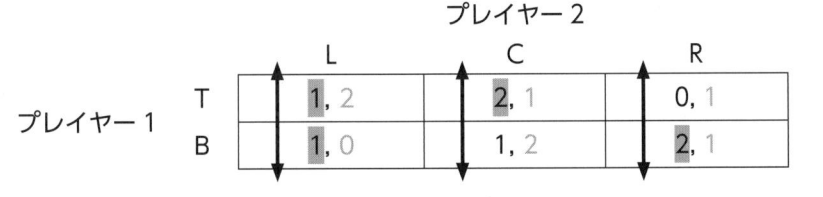

「L」に対しては引き分け、「C」に対しては「T」の勝ち、「R」に対しては「B」の勝ち。「T」と「B」には優劣が付かないため、プレイヤー1の戦略には支配関係がない。

ステップ2　プレイヤー2の利得を横にペアで比べる。

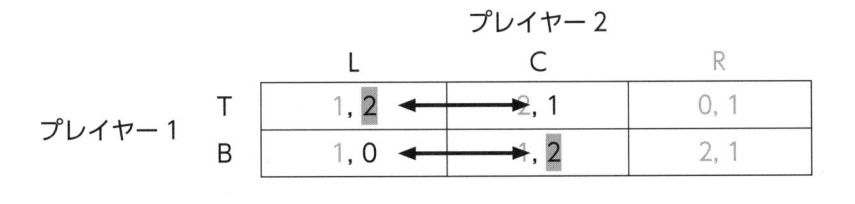

「T」に対しては「L」の勝ち、「B」に対しては「C」の勝ち。「L」と「C」には優劣が付かない。

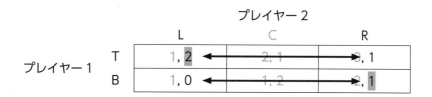

「T」に対しては「L」の勝ち、「B」に対しては「R」の勝ち。「L」と「R」には優劣が付かない。

プレイヤー2

	L	C	R
T	1, 2	2, 1	0, 1
B	1, 0	1, 2	2, 1

プレイヤー1

「T」に対しては引き分け、「B」に対しては「C」の勝ち。引き分けを認めるという意味でプレイヤー2には弱い支配関係があり、「C」が「R」を弱く支配する。

ステップ3　弱く支配される戦略「R」を消す。

プレイヤー2

	L	C	R
T	1, 2	2, 1	0, 1
B	1, 0	1, 2	2, 1

プレイヤー1

ステップ4　残った2×2の利得行列でプレイヤー1の利得を縦に比べる。

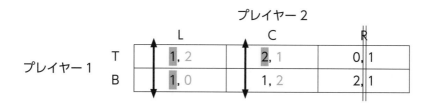

「L」に対しては引き分け、「C」に対しては「T」の勝ち。引き分けを認めるという意味でプレイヤー1の戦略には弱い支配関係があり、「T」が「B」を弱く支配する。

ステップ5 弱く支配される戦略「B」を消す。

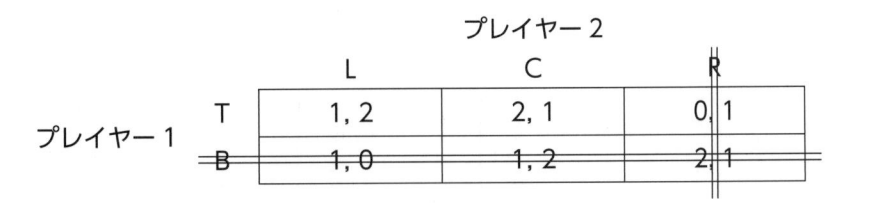

ステップ6 残った1×2の利得行列でプレイヤー2の利得を横に比べる。

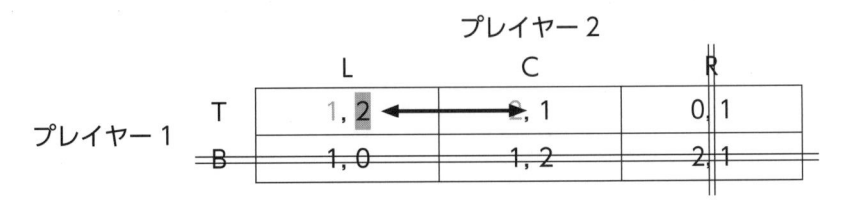

　「T」に対して「L」の勝ち。プレイヤー2の戦略には支配関係があり、「L」が「C」を支配する。

ステップ7 支配される戦略「C」を消して終わり。「T」と「L」が残る。

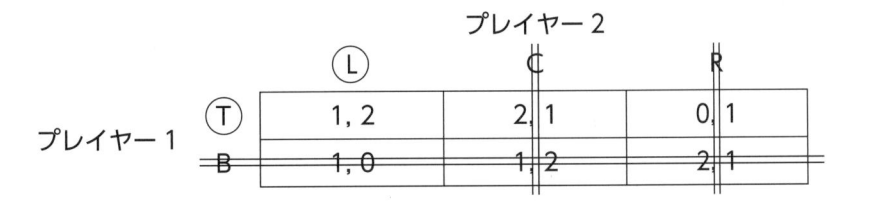

問題 **A** 次の利得行列で表した戦略形ゲームについて、（弱く）支配される戦略を二重線で逐次消去し、残った戦略を〇で囲みなさい。ただし戦略を消す順番について、以下のルールを定める。

● 強い支配関係と弱い支配関係が両方ともある場合には、まず強い支配関係のみについて戦略を消去する。

● 弱い支配関係が複数ある場合（1人のプレイヤーに2つ以上の支配関係がある場合と、2人のプレイヤーに支配関係がある場合の両方を含む）には、弱く支配される戦略を一度にすべて消去する。

(1)

プレイヤー2

		L	R
プレイヤー1	T	0, 1	2, 1
	B	1, 1	1, 2

(2)

プレイヤー2

		L	R
プレイヤー1	T	1, 2	0, 2
	B	2, 1	1, 0

(3)

プレイヤー2

		L	R
プレイヤー1	T	1, 2	1, 1
	B	1, 1	0, 0

(4)

プレイヤー2

		L	R
プレイヤー1	T	0, 1	2, 1
	B	1, 0	2, 2

(5)

プレイヤー2

		L	R
プレイヤー1	T	3, 1	0, 2
	M	2, 0	1, 0
	B	0, 3	1, 0

(6)

プレイヤー2

		L	R
プレイヤー1	T	2, 1	1, 1
	M	1, 2	0, 0
	B	2, 2	0, 2

(7)

プレイヤー2

		L	C	R
プレイヤー1	T	2, 2	0, 0	0, 0
	B	1, 0	0, 2	2, 1

(8)

プレイヤー2

		L	C	R
プレイヤー1	T	0, 3	1, 2	1, 3
	B	2, 0	2, 2	1, 1

(9)

プレイヤー2

		L	C	R
プレイヤー1	T	1, 0	0, 3	0, 3
	M	1, 2	1, 3	0, 0
	B	0, 1	1, 0	2, 1

(10)

プレイヤー2

		L	C	R
プレイヤー1	T	2, 2	3, 3	0, 3
	M	2, 2	1, 0	1, 3
	B	0, 2	0, 1	1, 1

問題 B 次の利得行列で表された戦略形ゲームについて、（弱く）支配される戦略の逐次消去によって<u>戦略「T」と「L」のみ</u>が残るように、0〜3の整数を空欄に入れなさい。ただしあてはまる数値が1つとは限らない。戦略を消す順番について、以下のルールを定める。

● 強い支配関係と弱い支配関係が両方ともある場合には、まず強い支配関係のみについて戦略を消去する。

● 弱い支配関係が複数ある場合（1人のプレイヤーに2つ以上の支配関係がある場合と、2人のプレイヤーに支配関係がある場合の両方を含む）には、弱く支配される戦略を一度にすべて消去する。

(1)

プレイヤー2

		L	R
プレイヤー1	T	1, 2	2, 2
	B	ア, 1	1, 0

(2)

プレイヤー2

		L	R
プレイヤー1	T	2, 2	1, 0
	B	2, 1	0, ア

(3)

プレイヤー2

		L	R
プレイヤー1	T	1, ア	0, 2
	B	イ, 1	1, 0

(4)

プレイヤー2

		L	R
プレイヤー1	T	0, ア	イ, 2
	B	0, 0	1, 1

(5)

プレイヤー2

		L	R
	T	1, 1	0, ア
プレイヤー1	M	イ, 2	2, 3
	B	0, 2	ウ, 0

（解答欄）

(1)

ア＿＿＿＿＿

(2)

ア＿＿＿＿＿

(3)

ア＿＿＿＿＿　　イ＿＿＿＿＿

(4)

ア＿＿＿＿＿　　イ＿＿＿＿＿

(5)

ア＿＿＿＿＿　　イ＿＿＿＿＿

ウ＿＿＿＿＿

(6)

プレイヤー2

		L	R
		ア, 0	1, イ
プレイヤー1	T		
	M	1, 1	2, 0
	B	0, 1	ウ, 2

(7)

プレイヤー2

		L	C	R
プレイヤー1	T	ア, イ	0, 1	1, 0
	B	1, 1	0, 3	2, 1

(8)

プレイヤー2

		L	C	R
プレイヤー1	T	1, 1	2, 1	2, ア
	B	0, 1	イ, ウ	1, 2

(9)

プレイヤー2

		L	C	R
プレイヤー1	T	2, 2	1, ア	0, イ
	M	ウ, 0	エ, 1	3, 1
	B	2, 1	オ, 1	1, 2

(10)

プレイヤー2

		L	C	R
プレイヤー1	T	1, ア	2, 1	0, イ
	M	1, 0	ウ, 2	1, 1
	B	エ, 0	3, 0	1, オ

（解答欄）

(6)
ア＿＿＿＿　イ＿＿＿＿
ウ＿＿＿＿

(7)
ア＿＿＿＿　イ＿＿＿＿

(8)
ア＿＿＿＿　イ＿＿＿＿
ウ＿＿＿＿

(9)
ア＿＿＿＿　イ＿＿＿＿
ウ＿＿＿＿　エ＿＿＿＿
オ＿＿＿＿

(10)
ア＿＿＿＿　イ＿＿＿＿
ウ＿＿＿＿　エ＿＿＿＿
オ＿＿＿＿

チキンゲーム

2人の若者が、相手よりも自分に度胸があることを示すために、崖に向かって猛スピードで車を走らせた。2人は崖に向かって車を「直進」させるか、崖に飛び込む前に「停止」させるかを選ぶことができる。この場合、

- 2人とも「直進」を選べば、車ごと崖に飛び込んで2人とも命を失う。
- 2人とも「停止」を選べば、どちらも同じように度胸がなく、ばつが悪い思いをする。
- 2人のうち1人だけが「停止」を選べば、「停止」を選んだ側は臆病者（チキン）のレッテルを貼られ、「直進」を選んだ側は度胸があることを示すことに成功する。

度胸があることを示せるのが1番望ましいが、崖に落ちて命を失うのは最悪である。一方で、ばつが悪い思いはしたくないし、臆病者のレッテルが自分だけに貼られることも避けたい。若者はそれぞれ「直進」「停止」のどちらを選ぶべきだろうか。

このゲームは〈チキンゲーム〉と呼ばれ、次の利得行列で表される。

		若者2 停止	若者2 直進
若者1	停止	2, 2	1, 3
若者1	直進	3, 1	0, 0

〈チキンゲーム〉では、どちらか一方が「停止」、もう一方が「直進」を選ぶのがナッシュ均衡である（第3章を参照のこと）。

〈チキンゲーム〉はプレイヤーの利害が対立しているものの、どちらかが譲歩すれば最悪の結果を回避できるという状況を表している。ただし、どちらが譲歩すべきなのかについて、ゲーム理論的には何も言えない。外交やビジネスにおける交渉は〈チキンゲーム〉の一例である。「停止」を弱気な出方、「直進」を強気な出方だと読み替えればよい。また、〈チキンゲーム〉は〈タカハトゲーム〉と呼ばれることもある。

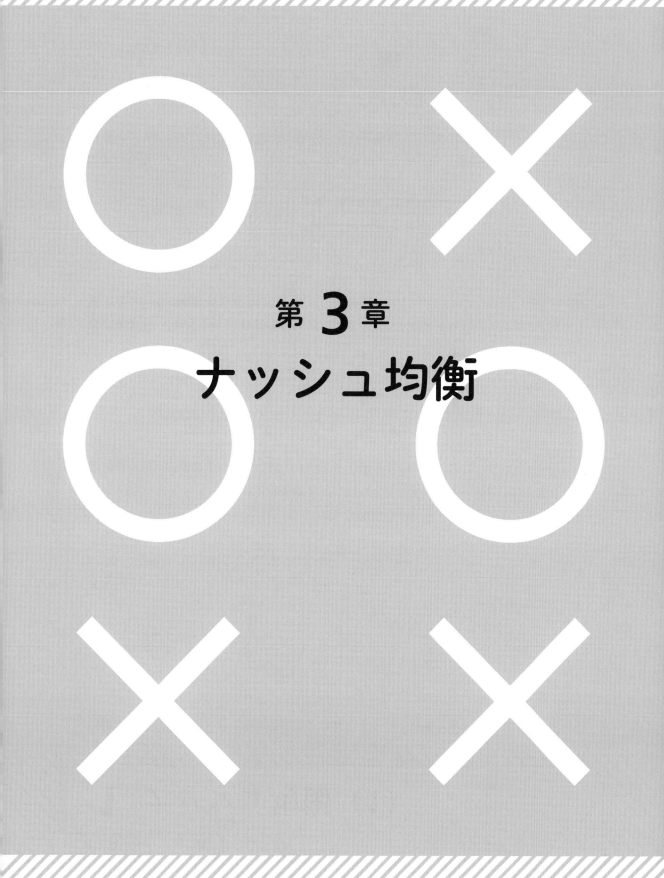

第 3 章
ナッシュ均衡

1 ナッシュ均衡（1）

例題 次の利得行列で表された戦略形ゲームのナッシュ均衡を答えなさい。

<table>
<thead>
<tr><th></th><th></th><th colspan="3">プレイヤー 2</th></tr>
<tr><th></th><th></th><th>L</th><th>C</th><th>R</th></tr>
</thead>
<tbody>
<tr><td rowspan="2">プレイヤー 1</td><td>T</td><td>2, 1</td><td>1, 2</td><td>0, 0</td></tr>
<tr><td>B</td><td>0, 0</td><td>1, 0</td><td>2, 1</td></tr>
</tbody>
</table>

答え

ナッシュ均衡は（T, C）（B, R）の 2 つ。

|||||| 解き方 ||||||

ステップ1 プレイヤー 1 の利得を縦方向に比べて、1 番大きな利得に下線を引く。1 番大きな利得が複数ある場合には、すべてに下線を引く。

<table>
<thead>
<tr><th></th><th></th><th colspan="3">プレイヤー 2</th></tr>
<tr><th></th><th></th><th>L</th><th>C</th><th>R</th></tr>
</thead>
<tbody>
<tr><td rowspan="2">プレイヤー 1</td><td>T</td><td><u>2</u>, 1</td><td><u>1</u>, 2</td><td>0, 0</td></tr>
<tr><td>B</td><td>0, 0</td><td><u>1</u>, 0</td><td><u>2</u>, 1</td></tr>
</tbody>
</table>

ステップ2 プレイヤー 2 の利得を横方向に比べて、1 番大きな利得に下線を引く。1 番大きな利得が複数ある場合には、すべてに下線を引く。

<table>
<thead>
<tr><th></th><th></th><th colspan="3">プレイヤー 2</th></tr>
<tr><th></th><th></th><th>L</th><th>C</th><th>R</th></tr>
</thead>
<tbody>
<tr><td rowspan="2">プレイヤー 1</td><td>T</td><td>2, 1</td><td>1, <u>2</u></td><td>0, 0</td></tr>
<tr><td>B</td><td>0, 0</td><td>1, 0</td><td>2, <u>1</u></td></tr>
</tbody>
</table>

ステップ3 プレイヤー 1 とプレイヤー 2 の利得にどちらも下線が引かれているセルを探す。そのセルに対応する戦略の組がナッシュ均衡。

<table>
<thead>
<tr><th></th><th></th><th colspan="3">プレイヤー 2</th></tr>
<tr><th></th><th></th><th>L</th><th>C</th><th>R</th></tr>
</thead>
<tbody>
<tr><td rowspan="2">プレイヤー 1</td><td>T</td><td><u>2</u>, 1</td><td><u>1, 2</u></td><td>0, 0</td></tr>
<tr><td>B</td><td>0, 0</td><td><u>1</u>, 0</td><td><u>2, 1</u></td></tr>
</tbody>
</table>

問題 **A** 次の利得行列で表された戦略形ゲームのナッシュ均衡を░░░░░░に答えなさい。

(1) ░░░░░░░░░░░░░░

		プレイヤー2	
		L	R
プレイヤー	T	2, 2	0, 3
1	B	3, 0	1, 1

(6) ░░░░░░░░░░░

		プレイヤー2	
		L	R
プレイヤー	T	2, 2	3, 0
1	B	0, 3	1, 1

(2) ░░░░░░░░░░░░

		プレイヤー2	
		L	R
プレイヤー	T	0, 0	1, 2
1	B	2, 1	0, 0

(7) ░░░░░░░░░░░

		プレイヤー2	
		L	R
プレイヤー	T	0, 3	1, 2
1	B	3, 0	2, 1

(3) ░░░░░░░░░░░░

		プレイヤー2	
		L	R
プレイヤー	T	2, 2	1, 3
1	B	3, 1	0, 0

(8) ░░░░░░░░░░░░░

		プレイヤー2	
		L	R
プレイヤー	T	0, 2	1, 0
1	B	1, 1	2, 1

(4) ░░░░░░░░░░░

		プレイヤー2	
		L	R
プレイヤー	T	1, 1	0, 0
1	B	0, 0	2, 2

(9) ░░░░░░░░░░░

		プレイヤー2	
		L	R
プレイヤー	T	2, 1	3, 0
1	B	1, 1	0, 2

(5) ░░░░░░░░░░░

		プレイヤー2	
		L	R
プレイヤー	T	2, 2	0, 1
1	B	1, 0	1, 1

(10) ░░░░░░░░░░░░░

		プレイヤー2	
		L	R
プレイヤー	T	2, 0	0, 1
1	B	1, 3	0, 2

(11)

プレイヤー1	プレイヤー2 L	R
T	2, 0	0, 0
M	1, 1	1, 2
B	0, 2	2, 1

(12)

プレイヤー1	プレイヤー2 L	R
T	1, 0	0, 2
M	0, 0	1, 0
B	2, 3	1, 1

(13)

プレイヤー1	プレイヤー2 L	C	R
T	1, 1	0, 0	3, 0
B	1, 0	2, 2	0, 1

(14)

プレイヤー1	プレイヤー2 L	C	R
T	2, 0	1, 1	2, 1
B	0, 3	0, 1	3, 2

(15)

プレイヤー1	プレイヤー2 L	C	R
T	0, 0	1, 2	2, 2
M	2, 1	0, 0	1, 3
B	1, 3	3, 1	2, 2

(16)

プレイヤー1	プレイヤー2 L	C	R
T	1, 1	0, 0	2, 1
M	0, 0	2, 2	0, 3
B	2, 1	3, 0	1, 1

(17)

プレイヤー1	プレイヤー2 L	C	R
T	4, 1	1, 1	0, 0
M	1, 3	0, 0	2, 2
B	2, 2	3, 1	1, 4

(18)

プレイヤー1	プレイヤー2 W	X	Y	Z
A	4, 4	2, 5	4, 5	0, 3
B	5, 2	1, 4	3, 3	3, 3
C	5, 2	4, 1	3, 3	1, 4
D	6, 0	3, 3	2, 1	2, 2

(19)

プレイヤー1	プレイヤー2 W	X	Y	Z
A	2, 4	1, 2	1, 0	0, 4
B	1, 0	2, 4	2, 4	1, 3
C	0, 3	1, 3	3, 2	3, 4
D	3, 2	3, 0	0, 4	2, 2

(20)

プレイヤー1	プレイヤー2 W	X	Y	Z
A	0, 0	3, 2	4, 0	3, 2
B	2, 2	1, 1	0, 3	0, 0
C	3, 0	0, 0	2, 2	1, 3
D	2, 4	2, 1	0, 0	1, 3

34

問題 B 次の利得行列で表された戦略形ゲームについて、(T, L) のみがナッシュ均衡となるように、0〜3 の整数を空欄に入れなさい。ただしあてはまる数値が 1 つとは限らない。

(1)

プレイヤー 2

		L	R
		T	ア, 1	0, イ
プレイヤー 1	T	ア, 1	0, イ
	B	2, ウ	1, 0

(2)

プレイヤー 2

		L	R
プレイヤー 1	T	1, ア	2, 3
	B	イ, 1	ウ, 0

(3)

プレイヤー 2

		L	R
	T	2, 2	1, 1
プレイヤー 1	M	ア, イ	0, 0
	B	2, 2	ウ, エ

(4)

プレイヤー 2

		L	R
	T	1, 0	ア, イ
プレイヤー 1	M	0, ウ	0, 2
	B	エ, 3	1, 1

(5)

プレイヤー 2

		L	R
	T	2, ア	イ, 3
プレイヤー 1	M	ウ, 2	0, 0
	B	1, エ	1, 2

(解答欄)

(1)
ア＿＿＿＿＿ イ＿＿＿＿＿
ウ＿＿＿＿＿

(2)
ア＿＿＿＿＿ イ＿＿＿＿＿
ウ＿＿＿＿＿

(3)
ア＿＿＿＿＿ イ＿＿＿＿＿
ウ＿＿＿＿＿ エ＿＿＿＿＿

(4)
ア＿＿＿＿＿ イ＿＿＿＿＿
ウ＿＿＿＿＿ エ＿＿＿＿＿

(5)
ア＿＿＿＿＿ イ＿＿＿＿＿
ウ＿＿＿＿＿ エ＿＿＿＿＿

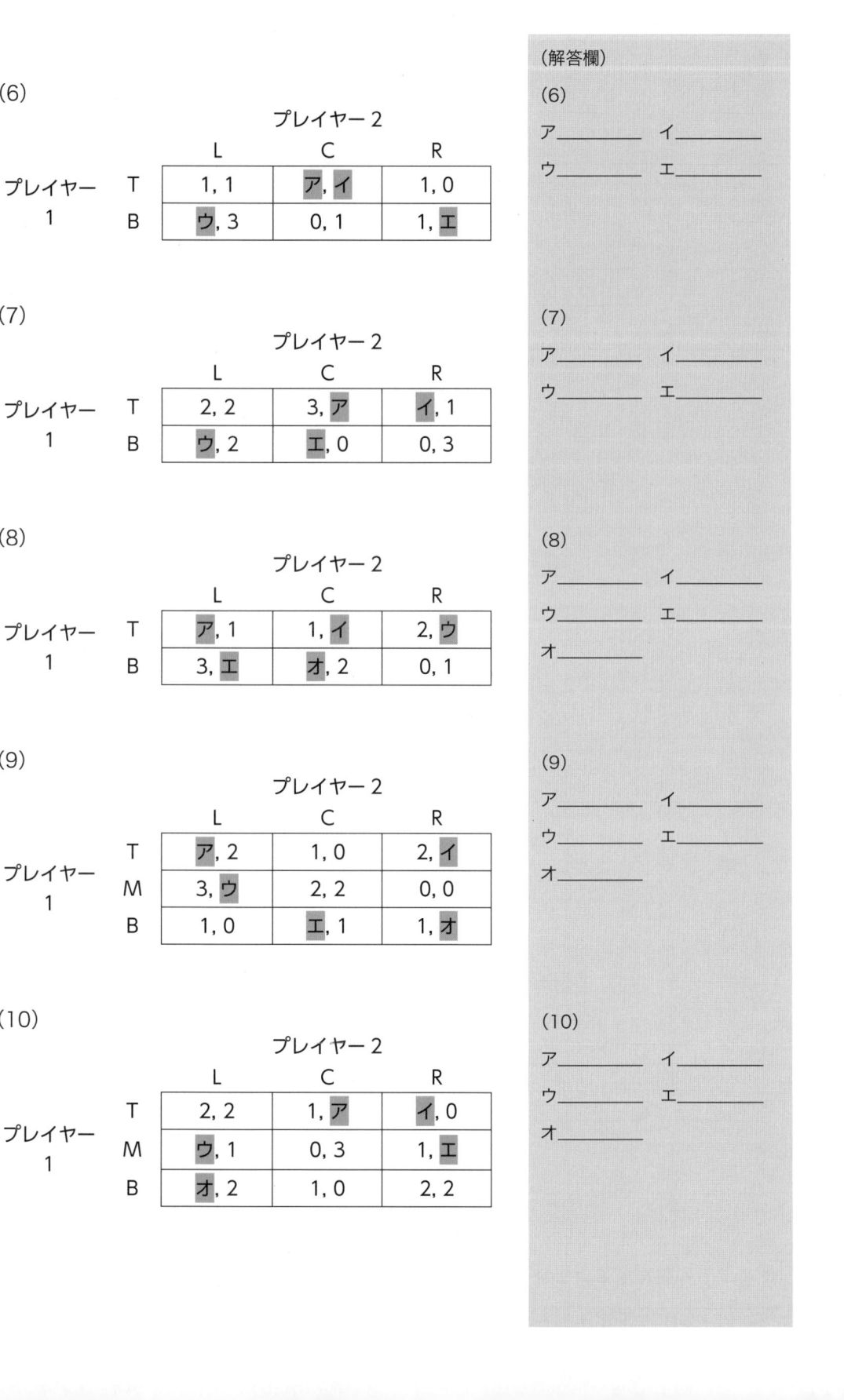

(6)

		プレイヤー2		
		L	C	R
プレイヤー1	T	1, 1	ア, イ	1, 0
	B	ウ, 3	0, 1	1, エ

(7)

		プレイヤー2		
		L	C	R
プレイヤー1	T	2, 2	3, ア	イ, 1
	B	ウ, 2	エ, 0	0, 3

(8)

		プレイヤー2		
		L	C	R
プレイヤー1	T	ア, 1	1, イ	2, ウ
	B	3, エ	オ, 2	0, 1

(9)

		プレイヤー2		
		L	C	R
プレイヤー1	T	ア, 2	1, 0	2, イ
	M	3, ウ	2, 2	0, 0
	B	1, 0	エ, 1	1, オ

(10)

		プレイヤー2		
		L	C	R
プレイヤー1	T	2, 2	1, ア	イ, 0
	M	ウ, 1	0, 3	1, エ
	B	オ, 2	1, 0	2, 2

（解答欄）

(6) ア＿＿＿ イ＿＿＿ ウ＿＿＿ エ＿＿＿

(7) ア＿＿＿ イ＿＿＿ ウ＿＿＿ エ＿＿＿

(8) ア＿＿＿ イ＿＿＿ ウ＿＿＿ エ＿＿＿ オ＿＿＿

(9) ア＿＿＿ イ＿＿＿ ウ＿＿＿ エ＿＿＿ オ＿＿＿

(10) ア＿＿＿ イ＿＿＿ ウ＿＿＿ エ＿＿＿ オ＿＿＿

2 ナッシュ均衡（2）

例題　次の利得行列で表された戦略形ゲームのナッシュ均衡を答えなさい。ナッシュ均衡がない場合には「なし」と答えなさい。

プレイヤー 2

		L	C	R
プレイヤー 1	T	2, 1	1, 0	0, 2
	B	0, 2	1, 0	2, 1

答え

なし。

||||| 解き方 |||||||||||||||||||||||||||||||||||||||||||||||||

ステップ1　プレイヤー 1 の利得を縦方向に比べて、1 番大きな利得に下線を引く。1 番大きな利得が複数ある場合には、すべてに下線を引く。

プレイヤー 2

		L	C	R
プレイヤー 1	T	2, 1	1, 0	0, 2
	B	0, 2	1, 0	2, 1

ステップ2　プレイヤー 2 の利得を横方向に比べて、1 番大きな利得に下線を引く。1 番大きな利得が複数ある場合には、すべてに下線を引く。

プレイヤー 2

		L	C	R
プレイヤー 1	T	2, 1	1, 0	0, 2
	B	0, 2	1, 0	2, 1

ステップ3　プレイヤー 1 とプレイヤー 2 の利得にどちらも下線が引かれているセルを探す。そうしたセルがなければナッシュ均衡もない。

プレイヤー 2

		L	C	R
プレイヤー 1	T	2, 1	1, 0	0, 2
	B	0, 2	1, 0	2, 1

問題 Ⓐ 次の利得行列で表した戦略形ゲームのナッシュ均衡を＿＿＿＿に答えなさい。
ただし、ナッシュ均衡が存在しない場合には「なし」と答えなさい。

(1)

		プレイヤー2	
		L	R
プレイヤー1	T	0, 1	1, 0
	B	1, 0	0, 1

(6)

		プレイヤー2	
		L	R
プレイヤー1	T	0, 2	1, 1
	B	1, 1	0, 2

(2)

		プレイヤー2	
		L	R
プレイヤー1	T	0, 1	2, 0
	B	1, 0	0, 2

(7)

		プレイヤー2	
		L	R
プレイヤー1	T	1, 1	3, 0
	B	2, 2	0, 3

(3)

		プレイヤー2	
		L	R
プレイヤー1	T	2, 0	1, 1
	B	0, 2	0, 1

(8)

		プレイヤー2	
		L	R
プレイヤー1	T	0, 3	1, 2
	B	3, 0	2, 1

(4)

		プレイヤー2	
		L	R
プレイヤー1	T	2, 2	1, 3
	B	0, 1	3, 0

(9)

		プレイヤー2	
		L	R
プレイヤー1	T	0, 2	3, 1
	B	1, 0	2, 1

(5)

		プレイヤー2	
		L	R
プレイヤー1	T	1, 1	0, 0
	B	0, 0	2, 2

(10)

		プレイヤー2	
		L	R
プレイヤー1	T	1, 2	2, 3
	B	0, 1	3, 0

(11) ▨▨▨▨▨▨▨▨▨

プレイヤー2

		L	R
	T	2, 0	0, 2
プレイヤー1	M	1, 1	1, 1
	B	0, 2	2, 0

(12) ▨▨▨▨▨▨▨▨▨

プレイヤー2

		L	R
	T	1, 2	1, 0
プレイヤー1	M	3, 0	0, 3
	B	2, 3	1, 1

(13) ▨▨▨▨▨▨▨▨▨

プレイヤー2

		L	C	R
プレイヤー1	T	1, 1	2, 0	0, 2
	B	0, 2	1, 1	2, 0

(14) ▨▨▨▨▨▨▨▨▨

プレイヤー2

		L	C	R
プレイヤー1	T	0, 2	1, 1	0, 2
	B	2, 0	2, 0	1, 1

(15) ▨▨▨▨▨▨▨▨▨

プレイヤー2

		L	C	R
	T	0, 3	1, 2	2, 2
プレイヤー1	M	2, 1	0, 0	1, 3
	B	1, 3	3, 1	2, 2

(16) ▨▨▨▨▨▨▨▨▨

プレイヤー2

		L	C	R
	T	1, 2	0, 0	2, 1
プレイヤー1	M	0, 0	2, 2	0, 3
	B	2, 0	3, 0	1, 1

(17) ▨▨▨▨▨▨▨▨▨

プレイヤー2

		L	C	R
	T	4, 1	1, 3	0, 0
プレイヤー1	M	1, 3	0, 0	2, 2
	B	2, 2	3, 1	1, 4

(18) ▨▨▨▨▨▨▨▨▨

プレイヤー2

		W	X	Y	Z
	A	4, 4	2, 3	2, 3	0, 2
プレイヤー1	B	3, 2	3, 3	1, 1	1, 2
	C	3, 2	1, 1	3, 3	1, 2
	D	2, 0	2, 1	2, 1	2, 2

(19) ▨▨▨▨▨▨▨▨▨

プレイヤー2

		W	X	Y	Z
	A	2, 4	1, 2	1, 0	0, 4
プレイヤー1	B	1, 0	2, 4	2, 4	1, 3
	C	0, 4	1, 4	3, 2	3, 3
	D	3, 2	3, 0	0, 4	2, 4

(20) ▨▨▨▨▨▨▨▨▨

プレイヤー2

		W	X	Y	Z
	A	0, 3	3, 2	4, 0	3, 2
プレイヤー1	B	2, 2	1, 3	0, 3	0, 0
	C	3, 0	0, 0	2, 2	1, 3
	D	2, 4	2, 1	0, 0	1, 3

問題 B 次の利得行列で表された戦略形ゲームについて、ナッシュ均衡が存在しないように、0〜3の整数を空欄に入れなさい。ただしあてはまる数値が1つとは限らない。

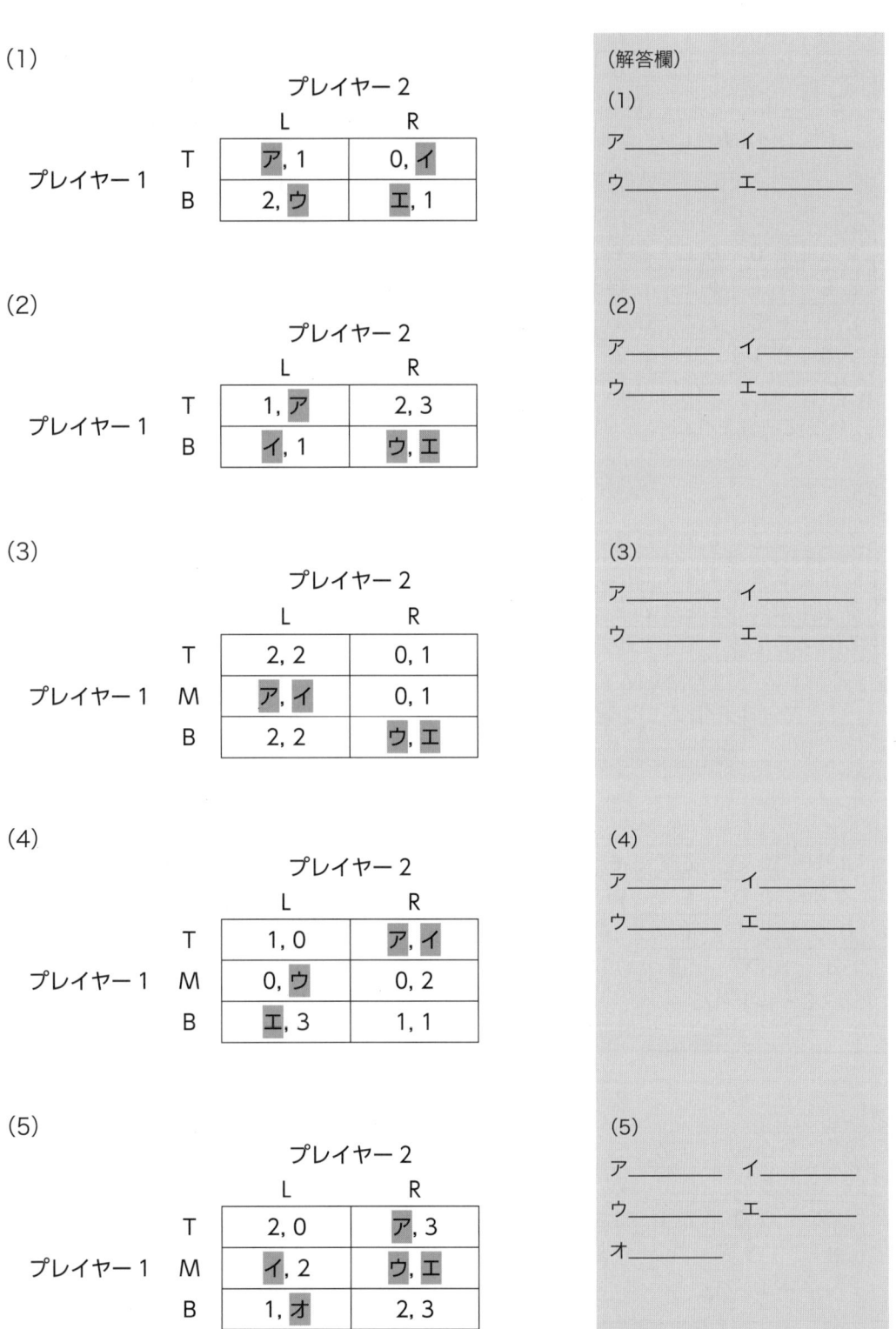

(1)

プレイヤー2

		L	R
プレイヤー1	T	ア, 1	0, イ
	B	2, ウ	エ, 1

(2)

プレイヤー2

		L	R
プレイヤー1	T	1, ア	2, 3
	B	イ, 1	ウ, エ

(3)

プレイヤー2

		L	R
	T	2, 2	0, 1
プレイヤー1	M	ア, イ	0, 1
	B	2, 2	ウ, エ

(4)

プレイヤー2

		L	R
	T	1, 0	ア, イ
プレイヤー1	M	0, ウ	0, 2
	B	エ, 3	1, 1

(5)

プレイヤー2

		L	R
	T	2, 0	ア, 3
プレイヤー1	M	イ, 2	ウ, エ
	B	1, オ	2, 3

(解答欄)

(1)

ア＿＿＿＿＿　　イ＿＿＿＿＿

ウ＿＿＿＿＿　　エ＿＿＿＿＿

(2)

ア＿＿＿＿＿　　イ＿＿＿＿＿

ウ＿＿＿＿＿　　エ＿＿＿＿＿

(3)

ア＿＿＿＿＿　　イ＿＿＿＿＿

ウ＿＿＿＿＿　　エ＿＿＿＿＿

(4)

ア＿＿＿＿＿　　イ＿＿＿＿＿

ウ＿＿＿＿＿　　エ＿＿＿＿＿

(5)

ア＿＿＿＿＿　　イ＿＿＿＿＿

ウ＿＿＿＿＿　　エ＿＿＿＿＿

オ＿＿＿＿＿

(6)

プレイヤー2

		L	C	R
プレイヤー1	T	1, 1	ア, イ	ウ, 0
	B	0, 3	2, 1	3, エ

(6)

ア＿＿＿＿　イ＿＿＿＿

ウ＿＿＿＿　エ＿＿＿＿

(7)

プレイヤー2

		L	C	R
プレイヤー1	T	ア, 1	1, イ	2, ウ
	B	3, エ	オ, 2	0, 1

(7)

ア＿＿＿＿　イ＿＿＿＿

ウ＿＿＿＿　エ＿＿＿＿

オ＿＿＿＿

(8)

プレイヤー2

		L	C	R
プレイヤー1	T	2, 2	3, ア	イ, 1
	B	ウ, 2	エ, 0	0, オ

(8)

ア＿＿＿＿　イ＿＿＿＿

ウ＿＿＿＿　エ＿＿＿＿

オ＿＿＿＿

(9)

プレイヤー2

		L	C	R
プレイヤー1	T	ア, 2	1, 0	2, イ
	M	1, ウ	2, 3	0, 0
	B	1, 3	エ, 1	オ, 1

(9)

ア＿＿＿＿　イ＿＿＿＿

ウ＿＿＿＿　エ＿＿＿＿

オ＿＿＿＿

(10)

プレイヤー2

		L	C	R
プレイヤー1	T	2, 2	1, 1	ア, イ
	M	3, ウ	3, 0	1, 3
	B	3, エ	オ, 2	2, 2

(10)

ア＿＿＿＿　イ＿＿＿＿

ウ＿＿＿＿　エ＿＿＿＿

オ＿＿＿＿

鹿狩り

　２人のハンターが狩りに出かけた。大物である鹿を狩るためには２人の協力が欠かせず、しかもそれに１日を丸ごと費やす必要がある。他方で、兎は自分１人で捕ることができる。つまり、

- ２人とも「鹿」を選べば、協力して鹿を狩ることができる。
- １人しか「鹿」を選ばなければ、「鹿」を選んだハンターは何も成果を挙げられない。
- 「兎」を選んだハンターは、単独で兎を捕ることができる。

　獲物としては鹿の方が兎よりも上等である。そして、１日かけて何も成果が挙がらないのは最悪である。プレイヤーはそれぞれ「鹿」「兎」のどちらを選ぶべきだろうか。

　このゲームはルソーの「鹿狩りの寓話」にちなんで〈鹿狩り〉と呼ばれ、次の利得行列で表される。

ハンター 2

		鹿	兎
ハンター 1	鹿	2, 2	0, 1
	兎	1, 0	1, 1

　〈鹿狩り〉にはナッシュ均衡が２つある。２人のハンターがどちらも「鹿」を選ぶというナッシュ均衡と、どちらも「兎」を選ぶというナッシュ均衡である。

　〈鹿狩り〉は〈協調ゲーム〉の一種で、プレイヤーたちは何とかして行動を合わせようとする。もっと言うと、２人で鹿を狩るという「良い均衡」を実現したいと考えるはずである。ただし、何らかの理由によって、２人がうまく協調できないと、各自で「兎」を捕まえるような「悪い均衡」が実現したり、場合によっては自分だけが鹿を追って手ぶらで帰ることにもなりかねない。〈鹿狩り〉の状況では、このような「協調の失敗」をいかに防ぐかが重要な課題である。軍拡や買い占め行動は〈鹿狩り〉における「協調の失敗」の一例である。

第 4 章
混合戦略のナッシュ均衡

1 混合戦略のナッシュ均衡（1）

例題 次の利得行列で表された戦略形ゲームについて、混合戦略のナッシュ均衡を答えなさい。

		プレイヤー 2	
		L	R
プレイヤー 1	T	2, 1	0, 3
	B	1, 2	3, 0

答え

プレイヤー 1 の「確率 $\frac{1}{2}$ で『T』、確率 $\frac{1}{2}$ で『B』を選ぶ」という混合戦略と、

プレイヤー 2 の「確率 $\frac{3}{4}$ で『L』、確率 $\frac{1}{4}$ で『R』を選ぶ」という混合戦略の組。

|||||| 解き方 ||||||

ステップ1 プレイヤー 1 の戦略「T」「B」およびプレイヤー 2 の戦略「L」「R」に確率を割り振り、各プレイヤーの混合戦略を定義する。

● プレイヤー 1 の混合戦略は「確率 x で『T』を選び、確率 $1-x$ で『B』を選ぶ」。

● プレイヤー 2 の混合戦略は「確率 y で『L』を選び、確率 $1-y$ で『R』を選ぶ」。

		プレイヤー 2	
		L(y)	R($1-y$)
プレイヤー 1	T(x)	2, 1	0, 3
	B($1-x$)	1, 2	3, 0

ステップ2 プレイヤー 1 が「T」と「B」を選んだ場合の期待利得をそれぞれ計算する。

「T」を選ぶと、確率 y で利得2を、確率 $1-y$ で利得0を得る（次表の■）。そのため、「T」を選んだ場合の期待利得は以下の通り。

$$y \times 2 + (1-y) \times 0 = 2y \cdots\cdots ①$$

		プレイヤー 2	
		L(y)	R($1-y$)
プレイヤー 1	T(x)	2, 1	0, 3
	B($1-x$)	1, 2	3, 0

「B」を選ぶと、確率 y で利得1を、確率 $1-y$ で利得3を得る（次表の■）。そのため、「B」を選んだ場合の期待利得は以下の通り。

$$y \times 1 + (1-y) \times 3 = 3 - 2y \quad \cdots\cdots ②$$

プレイヤー2

		L(y)	R(1−y)
プレイヤー1	T(x)	2, 1	0, 3
	B(1−x)	1, 2	3, 0

ステップ3 ①式と②式をイコールで結び、y の値を求める。

$$2y = 3 - 2y \quad \Rightarrow \quad 4y = 3 \quad \Rightarrow \quad y = \frac{3}{4}$$

ステップ4 プレイヤー2が「L」と「R」を選んだ場合の期待利得をそれぞれ計算する。

「L」を選ぶと、確率 x で利得1を、確率 $1-x$ で利得2を得る（次表の■）。そのため、「L」を選んだ場合の期待利得は以下の通り。

$$x \times 1 + (1-x) \times 2 = 2 - x \quad \cdots\cdots ③$$

プレイヤー2

		L(y)	R(1−y)
プレイヤー1	T(x)	2, 1	0, 3
	B(1−x)	1, 2	3, 0

「R」を選ぶと、確率 x で利得3を、確率 $1-x$ で利得0を得る（次表の■）。そのため、「R」を選んだ場合の期待利得は以下の通り。

$$x \times 3 + (1-x) \times 0 = 3x \quad \cdots\cdots ④$$

プレイヤー2

		L(y)	R(1−y)
プレイヤー1	T(x)	2, 1	0, 3
	B(1−x)	1, 2	3, 0

ステップ5 ③式と④式をイコールで結び、x の値を求める。

$$2 - x = 3x \quad \Rightarrow \quad 2 = 4x \quad \Rightarrow \quad x = \frac{1}{2}$$

ステップ6 ステップ3とステップ5で求めた x, y の値をステップ1の混合戦略にあてはめて、混合戦略のナッシュ均衡を答える。

ステップ2のように混合戦略を定義しているので、$(x, y) = \left(\frac{1}{2}, \frac{3}{4} \right)$ というように (x, y) の組を答えてもよい。

問題 Ⓐ 次の利得行列で表された戦略形ゲームについて、混合戦略のナッシュ均衡を求めたい。プレイヤー 1 の純粋戦略「T」「B」およびプレイヤー 2 の純粋戦略「L」「R」に確率を割り振り、各プレイヤーの混合戦略を以下のように定義する。

● プレイヤー 1 の混合戦略は「確率 x で『T』を選び、確率 $1-x$ で『B』を選ぶ」。

● プレイヤー 2 の混合戦略は「確率 y で戦略『L』を選び、確率 $1-y$ で戦略『R』を選ぶ」。

この混合戦略を踏まえ、適切な数値や文字式を空欄に入れなさい。

(1)

		プレイヤー 2	
		L	R
プレイヤー 1	T	0, 0	1, 2
	B	2, 1	0, 0

まず、プレイヤー 1 が「T」と「B」を選んだ場合の期待利得をそれぞれ計算する。「T」を選ぶと、確率 y で利得 _____ を、確率 $1-y$ で利得 _____ を得る。そのため、「T」を選んだ場合の期待利得はこう計算できる。

$$y \times \boxed{} + (1-y) \times \boxed{} = \boxed{}$$

「B」を選ぶと、確率 y で利得 _____ を、確率 $1-y$ で利得 _____ を得る。そのため、「B」を選んだ場合の期待利得はこう計算できる。

$$y \times \boxed{} + (1-y) \times \boxed{} = \boxed{}$$

混合戦略のナッシュ均衡では $\boxed{} = \boxed{}$ が成り立つので、$y = \boxed{}$ である。

次に、プレイヤー 2 が「L」と「R」を選んだ場合の期待利得をそれぞれ計算する。「L」を選ぶと、確率 x で利得 _____ を、確率 $1-x$ で利得 _____ を得る。そのため、「L」を選んだ場合の期待利得はこう計算できる。

$$x \times \boxed{} + (1-x) \times \boxed{} = \boxed{}$$

「R」を選ぶと、確率 x で利得 _____ を、確率 $1-x$ で利得 _____ を得る。そのため、「R」を選んだ場合の期待利得はこう計算できる。

$$x \times \boxed{} + (1-x) \times \boxed{} = \boxed{}$$

混合戦略のナッシュ均衡では $\boxed{} = \boxed{}$ が成り立つので、$x = \boxed{}$ である。

以上より、混合戦略のナッシュ均衡は $(x, y) = (\boxed{}, \boxed{})$ である。

(2)

		プレイヤー2	
		L	R
プレイヤー1	T	2, 2	1, 3
	B	3, 1	0, 0

　まず、プレイヤー1が「T」と「B」を選んだ場合の期待利得をそれぞれ計算する。「T」を選ぶと、確率 y で利得 ☐ を、確率 $1-y$ で利得 ☐ を得る。そのため、「T」を選んだ場合の期待利得はこう計算できる。

$$y \times \boxed{} + (1-y) \times \boxed{} = \boxed{}$$

　「B」を選ぶと、確率 y で利得 ☐ を、確率 $1-y$ で利得 ☐ を得る。そのため、「B」を選んだ場合の期待利得はこう計算できる。

$$y \times \boxed{} + (1-y) \times \boxed{} = \boxed{}$$

　混合戦略のナッシュ均衡では $\boxed{} = \boxed{}$ が成り立つので、$y = \boxed{}$ である。

　次に、プレイヤー2が「L」と「R」を選んだ場合の期待利得をそれぞれ計算する。「L」を選ぶと、確率 x で利得 ☐ を、確率 $1-x$ で利得 ☐ を得る。そのため、「L」を選んだ場合の期待利得はこう計算できる。

$$x \times \boxed{} + (1-x) \times \boxed{} = \boxed{}$$

　「R」を選ぶと、確率 x で利得 ☐ を、確率 $1-x$ で利得 ☐ を得る。そのため、「R」を選んだ場合の期待利得はこう計算できる。

$$x \times \boxed{} + (1-x) \times \boxed{} = \boxed{}$$

　混合戦略のナッシュ均衡では $\boxed{} = \boxed{}$ が成り立つので、$x = \boxed{}$ である。

　以上より、混合戦略のナッシュ均衡は $(x, y) = (\boxed{}, \boxed{})$ である。

(3)

プレイヤー2

		L	R
プレイヤー1	T	1, 1	0, 0
	B	0, 0	2, 2

　まず、プレイヤー1が「T」と「B」を選んだ場合の期待利得をそれぞれ計算する。「T」を選ぶと、確率 y で利得 ⬚ を、確率 $1-y$ で利得 ⬚ を得る。そのため、「T」を選んだ場合の期待利得はこう計算できる。

$$y \times \boxed{} + (1-y) \times \boxed{} = \boxed{}$$

　「B」を選ぶと、確率 y で利得 ⬚ を、確率 $1-y$ で利得 ⬚ を得る。そのため、「B」を選んだ場合の期待利得はこう計算できる。

$$y \times \boxed{} + (1-y) \times \boxed{} = \boxed{}$$

　混合戦略のナッシュ均衡では $\boxed{} = \boxed{}$ が成り立つので、$y = \boxed{}$ である。

　次に、プレイヤー2が「L」と「R」を選んだ場合の期待利得をそれぞれ計算する。「L」を選ぶと、確率 x で利得 ⬚ を、確率 $1-x$ で利得 ⬚ を得る。そのため、「L」を選んだ場合の期待利得はこう計算できる。

$$x \times \boxed{} + (1-x) \times \boxed{} = \boxed{}$$

　「R」を選ぶと、確率 x で利得 ⬚ を、確率 $1-x$ で利得 ⬚ を得る。そのため、「R」を選んだ場合の期待利得はこう計算できる。

$$x \times \boxed{} + (1-x) \times \boxed{} = \boxed{}$$

　混合戦略のナッシュ均衡では $\boxed{} = \boxed{}$ が成り立つので、$x = \boxed{}$ である。

　以上より、混合戦略のナッシュ均衡は $(x, y) = (\boxed{}, \boxed{})$ である。

(4)

		プレイヤー2	
		L	R
プレイヤー1	T	2, 2	0, 1
	B	1, 0	1, 1

まず、プレイヤー1が「T」と「B」を選んだ場合の期待利得をそれぞれ計算する。「T」を選ぶと、確率yで利得 [　　] を、確率$1-y$で利得 [　　] を得る。そのため、「T」を選んだ場合の期待利得はこう計算できる。

$$y \times \boxed{} + (1-y) \times \boxed{} = \boxed{}$$

「B」を選ぶと、確率yで利得 [　　] を、確率$1-y$で利得 [　　] を得る。そのため、「B」を選んだ場合の期待利得はこう計算できる。

$$y \times \boxed{} + (1-y) \times \boxed{} = \boxed{}$$

混合戦略のナッシュ均衡では [　　　] $=$ [　　　] が成り立つので、$y =$ [　　] である。

次に、プレイヤー2が「L」と「R」を選んだ場合の期待利得をそれぞれ計算する。「L」を選ぶと、確率xで利得 [　　] を、確率$1-x$で利得 [　　] を得る。そのため、「L」を選んだ場合の期待利得はこう計算できる。

$$x \times \boxed{} + (1-x) \times \boxed{} = \boxed{}$$

「R」を選ぶと、確率xで利得 [　　] を、確率$1-x$で利得 [　　] を得る。そのため、「R」を選んだ場合の期待利得はこう計算できる。

$$x \times \boxed{} + (1-x) \times \boxed{} = \boxed{}$$

混合戦略のナッシュ均衡では [　　　] $=$ [　　　] が成り立つので、$x =$ [　　] である。

以上より、混合戦略のナッシュ均衡は $(x, y) =$ ([　　] , [　　]) である。

(5)

プレイヤー2

		L	R
プレイヤー1	T	3, 1	0, 0
	B	2, 1	1, 2

　まず、プレイヤー1が「T」と「B」を選んだ場合の期待利得をそれぞれ計算する。「T」を選ぶと、確率yで利得□□□を、確率$1-y$で利得□□□を得る。そのため、「T」を選んだ場合の期待利得はこう計算できる。

$$y \times \boxed{} + (1-y) \times \boxed{} = \boxed{}$$

　「B」を選ぶと、確率yで利得□□□を、確率$1-y$で利得□□□を得る。そのため、「B」を選んだ場合の期待利得はこう計算できる。

$$y \times \boxed{} + (1-y) \times \boxed{} = \boxed{}$$

　混合戦略のナッシュ均衡では□□□ = □□□が成り立つので、$y = $□□□である。

　次に、プレイヤー2が「L」と「R」を選んだ場合の期待利得をそれぞれ計算する。「L」を選ぶと、確率xで利得□□□を、確率$1-x$で利得□□□を得る。そのため、「L」を選んだ場合の期待利得はこう計算できる。

$$x \times \boxed{} + (1-x) \times \boxed{} = \boxed{}$$

　「R」を選ぶと、確率xで利得□□□を、確率$1-x$で利得□□□を得る。そのため、「R」を選んだ場合の期待利得はこう計算できる。

$$x \times \boxed{} + (1-x) \times \boxed{} = \boxed{}$$

　混合戦略のナッシュ均衡では□□□ = □□□が成り立つので、$x = $□□□である。

　以上より、混合戦略のナッシュ均衡は$(x, y) = ($□□□, □□□$)$である。

(6)

プレイヤー2

		L	R
	T	4, 0	1, 4
プレイヤー1			
	B	0, 3	2, 1

　まず、プレイヤー1が「T」と「B」を選んだ場合の期待利得をそれぞれ計算する。「T」を選ぶと、確率 y で利得 ⬚ を、確率 $1-y$ で利得 ⬚ を得る。そのため、「T」を選んだ場合の期待利得はこう計算できる。

$$y \times \boxed{} + (1-y) \times \boxed{} = \boxed{}$$

「B」を選ぶと、確率 y で利得 ⬚ を、確率 $1-y$ で利得 ⬚ を得る。そのため、「B」を選んだ場合の期待利得はこう計算できる。

$$y \times \boxed{} + (1-y) \times \boxed{} = \boxed{}$$

　混合戦略のナッシュ均衡では ⬚ ＝ ⬚ が成り立つので、$y =$ ⬚ である。

　次に、プレイヤー2が「L」と「R」を選んだ場合の期待利得をそれぞれ計算する。「L」を選ぶと、確率 x で利得 ⬚ を、確率 $1-x$ で利得 ⬚ を得る。そのため、「L」を選んだ場合の期待利得はこう計算できる。

$$x \times \boxed{} + (1-x) \times \boxed{} = \boxed{}$$

　「R」を選ぶと、確率 x で利得 ⬚ を、確率 $1-x$ で利得 ⬚ を得る。そのため、「R」を選んだ場合の期待利得はこう計算できる。

$$x \times \boxed{} + (1-x) \times \boxed{} = \boxed{}$$

　混合戦略のナッシュ均衡では ⬚ ＝ ⬚ が成り立つので、$x =$ ⬚ である。

　以上より、混合戦略のナッシュ均衡は $(x, y) = ($ ⬚ , ⬚ $)$ である。

(7)

プレイヤー2

		L	R
プレイヤー1	T	0, 0	5, 2
	B	1, 4	0, 1

　まず、プレイヤー1が「T」と「B」を選んだ場合の期待利得をそれぞれ計算する。「T」を選ぶと、確率yで利得 ⬚ を、確率$1-y$で利得 ⬚ を得る。そのため、「T」を選んだ場合の期待利得はこう計算できる。

$$y \times \boxed{} + (1-y) \times \boxed{} = \boxed{}$$

　「B」を選ぶと、確率yで利得 ⬚ を、確率$1-y$で利得 ⬚ を得る。そのため、「B」を選んだ場合の期待利得はこう計算できる。

$$y \times \boxed{} + (1-y) \times \boxed{} = \boxed{}$$

　混合戦略のナッシュ均衡では $\boxed{} = \boxed{}$ が成り立つので、$y = \boxed{}$ である。

　次に、プレイヤー2が「L」と「R」を選んだ場合の期待利得をそれぞれ計算する。「L」を選ぶと、確率xで利得 ⬚ を、確率$1-x$で利得 ⬚ を得る。そのため、「L」を選んだ場合の期待利得はこう計算できる。

$$x \times \boxed{} + (1-x) \times \boxed{} = \boxed{}$$

　「R」を選ぶと、確率xで利得 ⬚ を、確率$1-x$で利得 ⬚ を得る。そのため、「R」を選んだ場合の期待利得はこう計算できる。

$$x \times \boxed{} + (1-x) \times \boxed{} = \boxed{}$$

　混合戦略のナッシュ均衡では $\boxed{} = \boxed{}$ が成り立つので、$x = \boxed{}$ である。

　以上より、混合戦略のナッシュ均衡は $(x, y) = (\boxed{} , \boxed{})$ である。

(8)

プレイヤー 2

		L	R
プレイヤー 1	T	3, 1	0, 4
	B	0, 2	5, 1

　まず、プレイヤー 1 が「T」と「B」を選んだ場合の期待利得をそれぞれ計算する。「T」を選ぶと、確率 y で利得 ⬜ を、確率 $1-y$ で利得 ⬜ を得る。そのため、「T」を選んだ場合の期待利得はこう計算できる。

$$y \times \boxed{} + (1-y) \times \boxed{} = \boxed{}$$

　「B」を選ぶと、確率 y で利得 ⬜ を、確率 $1-y$ で利得 ⬜ を得る。そのため、「B」を選んだ場合の期待利得はこう計算できる。

$$y \times \boxed{} + (1-y) \times \boxed{} = \boxed{}$$

　混合戦略のナッシュ均衡では $\boxed{} = \boxed{}$ が成り立つので、$y = \boxed{}$ である。

　次に、プレイヤー 2 が「L」と「R」を選んだ場合の期待利得をそれぞれ計算する。「L」を選ぶと、確率 x で利得 ⬜ を、確率 $1-x$ で利得 ⬜ を得る。そのため、「L」を選んだ場合の期待利得はこう計算できる。

$$x \times \boxed{} + (1-x) \times \boxed{} = \boxed{}$$

　「R」を選ぶと、確率 x で利得 ⬜ を、確率 $1-x$ で利得 ⬜ を得る。そのため、「R」を選んだ場合の期待利得はこう計算できる。

$$x \times \boxed{} + (1-x) \times \boxed{} = \boxed{}$$

　混合戦略のナッシュ均衡では $\boxed{} = \boxed{}$ が成り立つので、$x = \boxed{}$ である。

　以上より、混合戦略のナッシュ均衡は $(x, y) = (\boxed{}, \boxed{})$ である。

(9)

	プレイヤー 2	
	L	R
T	1, 3	2, 0
B	6, 1	0, 4

プレイヤー 1

　まず、プレイヤー 1 が「T」と「B」を選んだ場合の期待利得をそれぞれ計算する。「T」を選ぶと、確率 y で利得 ⬚ を、確率 $1-y$ で利得 ⬚ を得る。そのため、「T」を選んだ場合の期待利得はこう計算できる。

$$y \times \boxed{} + (1-y) \times \boxed{} = \boxed{}$$

　「B」を選ぶと、確率 y で利得 ⬚ を、確率 $1-y$ で利得 ⬚ を得る。そのため、「B」を選んだ場合の期待利得はこう計算できる。

$$y \times \boxed{} + (1-y) \times \boxed{} = \boxed{}$$

　混合戦略のナッシュ均衡では $\boxed{} = \boxed{}$ が成り立つので、$y = \boxed{}$ である。

　次に、プレイヤー 2 が「L」と「R」を選んだ場合の期待利得をそれぞれ計算する。「L」を選ぶと、確率 x で利得 ⬚ を、確率 $1-x$ で利得 ⬚ を得る。そのため、「L」を選んだ場合の期待利得はこう計算できる。

$$x \times \boxed{} + (1-x) \times \boxed{} = \boxed{}$$

　「R」を選ぶと、確率 x で利得 ⬚ を、確率 $1-x$ で利得 ⬚ を得る。そのため、「R」を選んだ場合の期待利得はこう計算できる。

$$x \times \boxed{} + (1-x) \times \boxed{} = \boxed{}$$

　混合戦略のナッシュ均衡では $\boxed{} = \boxed{}$ が成り立つので、$x = \boxed{}$ である。

　以上より、混合戦略のナッシュ均衡は $(x, y) = (\boxed{}, \boxed{})$ である。

(10)

プレイヤー2

		L	R
プレイヤー1	T	5, 2	0, 1
	B	4, 0	2, 3

まず、プレイヤー1が「T」と「B」を選んだ場合の期待利得をそれぞれ計算する。「T」を選ぶと、確率yで利得 ☐ を、確率$1-y$で利得 ☐ を得る。そのため、「T」を選んだ場合の期待利得はこう計算できる。

$$y \times \boxed{} + (1-y) \times \boxed{} = \boxed{}$$

「B」を選ぶと、確率yで利得 ☐ を、確率$1-y$で利得 ☐ を得る。そのため、「B」を選んだ場合の期待利得はこう計算できる。

$$y \times \boxed{} + (1-y) \times \boxed{} = \boxed{}$$

混合戦略のナッシュ均衡では $\boxed{} = \boxed{}$ が成り立つので、$y = \boxed{}$ である。

次に、プレイヤー2が「L」と「R」を選んだ場合の期待利得をそれぞれ計算する。「L」を選ぶと、確率xで利得 ☐ を、確率$1-x$で利得 ☐ を得る。そのため、「L」を選んだ場合の期待利得はこう計算できる。

$$x \times \boxed{} + (1-x) \times \boxed{} = \boxed{}$$

「R」を選ぶと、確率xで利得 ☐ を、確率$1-x$で利得 ☐ を得る。そのため、「R」を選んだ場合の期待利得はこう計算できる。

$$x \times \boxed{} + (1-x) \times \boxed{} = \boxed{}$$

混合戦略のナッシュ均衡では $\boxed{} = \boxed{}$ が成り立つので、$x = \boxed{}$ である。

以上より、混合戦略のナッシュ均衡は $(x, y) = (\boxed{}, \boxed{})$ である。

2 混合戦略のナッシュ均衡（2）

例題　次の利得行列で表された戦略形ゲームについて、混合戦略のナッシュ均衡を答えなさい。

		プレイヤー 2		
		L	C	R
プレイヤー 1	T	2, 1	0, 0	0, 3
	B	1, 2	0, 0	3, 0

答え

プレイヤー 1 の「確率 $\frac{1}{2}$ で『T』、確率 $\frac{1}{2}$ で『B』を選ぶ」という混合戦略と、

プレイヤー 2 の「確率 $\frac{3}{4}$ で『L』、確率 $\frac{1}{4}$ で『R』を選ぶ」という混合戦略の組。

|||||| 解き方 ||||||

ステップ1　支配される戦略を消去する。ここではプレイヤー 2 の「C」が「L」に支配されている。

		プレイヤー 2		
		L	C	R
プレイヤー 1	T	2, 1	0, 0	0, 3
	B	1, 2	0, 0	3, 0

ステップ2　消されずに残った純粋戦略に確率を振り、各プレイヤーの混合戦略を定義する。

● プレイヤー 1 の混合戦略は「確率 x で『T』を選び、確率 $1-x$ で『B』を選ぶ」。

● プレイヤー 2 の混合戦略は「確率 y で『L』を選び、確率 $1-y$ で『R』を選ぶ」。

		プレイヤー 2	
		L(y)	R($1-y$)
プレイヤー 1	T(x)	2, 1	0, 3
	B($1-x$)	1, 2	3, 0

ステップ3　本章 **1** の例題と同じ手順で混合戦略のナッシュ均衡を求める（利得は **1** の例題と同じなので、答えも同じになる）。

問題 A 次の利得行列で表された戦略形ゲームについて、混合戦略のナッシュ均衡を求めたい。適切な数値や文字式を空欄に入れなさい。

(1)

プレイヤー 2

		L	C	R
プレイヤー 1	T	1, 2	0, 1	2, 0
	B	2, 1	3, 0	1, 3

　このゲームでは、プレイヤー 2 の戦略「　　　　」が「　　　　」を支配している。支配される戦略を消去し、混合戦略を次のように定義する。

●プレイヤー 1 の混合戦略は「確率 x で『T』を選び、確率 $1-x$ で『B』を選ぶ」。

●プレイヤー 2 の混合戦略は「確率 y で『L』を選び、確率 $1-y$ で『R』を選ぶ」。

　この定義を踏まえて、混合戦略のナッシュ均衡を求める。

　まず、プレイヤー 1 が「T」と「B」を選んだ場合の期待利得をそれぞれ計算する。「T」を選ぶと、確率 y で利得　　　　を、確率 $1-y$ で利得　　　　を得る。そのため、「T」を選んだ場合の期待利得はこう計算できる。

$$y \times \boxed{} + (1-y) \times \boxed{} = \boxed{}$$

　「B」を選ぶと、確率 y で利得　　　　を、確率 $1-y$ で利得　　　　を得る。そのため、「B」を選んだ場合の期待利得はこう計算できる。

$$y \times \boxed{} + (1-y) \times \boxed{} = \boxed{}$$

　混合戦略のナッシュ均衡では　　　　　＝　　　　　が成り立つので、$y =$ 　　　　である。

　次に、プレイヤー 2 が「L」と「R」を選んだ場合の期待利得をそれぞれ計算する。「L」を選ぶと、確率 x で利得　　　　を、確率 $1-x$ で利得　　　　を得る。そのため、「L」を選んだ場合の期待利得はこう計算できる。

$$x \times \boxed{} + (1-x) \times \boxed{} = \boxed{}$$

　「R」を選ぶと、確率 x で利得　　　　を、確率 $1-x$ で利得　　　　を得る。そのため、「R」を選んだ場合の期待利得はこう計算できる。

$$x \times \boxed{} + (1-x) \times \boxed{} = \boxed{}$$

　混合戦略のナッシュ均衡では　　　　　＝　　　　　が成り立つので、$x =$ 　　　　である。

　以上より、混合戦略のナッシュ均衡は $(x, y) = ($ 　　　, 　　　 $)$ である。

(2)

		プレイヤー2	
	L	C	R
プレイヤー1　T	3, 1	1, 2	0, 3
B	1, 1	0, 4	2, 1

　このゲームでは、プレイヤー2の戦略「　　　　」が「　　　　」を支配している。支配される戦略を消去し、混合戦略を次のように定義する。

●プレイヤー1の混合戦略は「確率 x で『T』を選び、確率 $1-x$ で『B』を選ぶ」。

●プレイヤー2の混合戦略は「確率 y で『C』を選び、確率 $1-y$ で『R』を選ぶ」。

　この定義を踏まえて、混合戦略のナッシュ均衡を求める。

　まず、プレイヤー1が「T」と「B」を選んだ場合の期待利得をそれぞれ計算する。「T」を選ぶと、確率 y で利得　　　　を、確率 $1-y$ で利得　　　　を得る。そのため、「T」を選んだ場合の期待利得はこう計算できる。

$$y \times \boxed{} + (1-y) \times \boxed{} = \boxed{}$$

　「B」を選ぶと、確率 y で利得　　　　を、確率 $1-y$ で利得　　　　を得る。そのため、「B」を選んだ場合の期待利得はこう計算できる。

$$y \times \boxed{} + (1-y) \times \boxed{} = \boxed{}$$

　混合戦略のナッシュ均衡では　　　　＝　　　　が成り立つので、$y = \boxed{}$ である。

　次に、プレイヤー2が「C」と「R」を選んだ場合の期待利得をそれぞれ計算する。「C」を選ぶと、確率 x で利得　　　　を、確率 $1-x$ で利得　　　　を得る。そのため、「C」を選んだ場合の期待利得はこう計算できる。

$$x \times \boxed{} + (1-x) \times \boxed{} = \boxed{}$$

　「R」を選ぶと、確率 x で利得　　　　を、確率 $1-x$ で利得　　　　を得る。そのため、「R」を選んだ場合の期待利得はこう計算できる。

$$x \times \boxed{} + (1-x) \times \boxed{} = \boxed{}$$

　混合戦略のナッシュ均衡では　　　　＝　　　　が成り立つので、$x = \boxed{}$ である。

　以上より、混合戦略のナッシュ均衡は $(x, y) = (\boxed{}, \boxed{})$ である。

(3)

プレイヤー2

		L	C	R
プレイヤー1	T	3, 3	1, 2	0, 1
	B	1, 0	2, 2	3, 1

　このゲームでは、プレイヤー2の戦略「＿＿＿」が「＿＿＿」を支配している。支配される戦略を消去し、混合戦略を次のように定義する。

● プレイヤー1の混合戦略は「確率 x で『T』を選び、確率 $1-x$ で『B』を選ぶ」。

● プレイヤー2の混合戦略は「確率 y で『L』を選び、確率 $1-y$ で『C』を選ぶ」。

　この定義を踏まえて、混合戦略のナッシュ均衡を求める。

　まず、プレイヤー1が「T」と「B」を選んだ場合の期待利得をそれぞれ計算する。「T」を選ぶと、確率 y で利得＿＿＿を、確率 $1-y$ で利得＿＿＿を得る。そのため、「T」を選んだ場合の期待利得はこう計算できる。

$$y \times \boxed{} + (1-y) \times \boxed{} = \boxed{}$$

「B」を選ぶと、確率 y で利得＿＿＿を、確率 $1-y$ で利得＿＿＿を得る。そのため、「B」を選んだ場合の期待利得はこう計算できる。

$$y \times \boxed{} + (1-y) \times \boxed{} = \boxed{}$$

　混合戦略のナッシュ均衡では $\boxed{} = \boxed{}$ が成り立つので、$y = \boxed{}$ である。

　次に、プレイヤー2が「L」と「C」を選んだ場合の期待利得をそれぞれ計算する。「L」を選ぶと、確率 x で利得＿＿＿を、確率 $1-x$ で利得＿＿＿を得る。そのため、「L」を選んだ場合の期待利得はこう計算できる。

$$x \times \boxed{} + (1-x) \times \boxed{} = \boxed{}$$

　「C」を選ぶと、確率 x で利得＿＿＿を、確率 $1-x$ で利得＿＿＿を得る。そのため、「C」を選んだ場合の期待利得はこう計算できる。

$$x \times \boxed{} + (1-x) \times \boxed{} = \boxed{}$$

　混合戦略のナッシュ均衡では $\boxed{} = \boxed{}$ が成り立つので、$x = \boxed{}$ である。

　以上より、混合戦略のナッシュ均衡は $(x, y) = (\boxed{}, \boxed{})$ である。

(4)

プレイヤー2

		L	R
	T	3, 1	1, 2
プレイヤー1	M	2, 0	0, 3
	B	1, 2	2, 1

　このゲームでは、プレイヤー1の戦略「＿＿＿＿」が「＿＿＿＿」を支配している。支配される戦略を消去し、混合戦略を次のように定義する。

- プレイヤー1の混合戦略は「確率 x で『T』を選び、確率 $1-x$ で『B』を選ぶ」。
- プレイヤー2の混合戦略は「確率 y で『L』を選び、確率 $1-y$ で『R』を選ぶ」。

　この定義を踏まえて、混合戦略のナッシュ均衡を求める。

　まず、プレイヤー1が「T」と「B」を選んだ場合の期待利得をそれぞれ計算する。「T」を選ぶと、確率 y で利得 ＿＿＿＿ を、確率 $1-y$ で利得 ＿＿＿＿ を得る。そのため、「T」を選んだ場合の期待利得はこう計算できる。

$$y \times \boxed{} + (1-y) \times \boxed{} = \boxed{}$$

　「B」を選ぶと、確率 y で利得 ＿＿＿＿ を、確率 $1-y$ で利得 ＿＿＿＿ を得る。そのため、「B」を選んだ場合の期待利得はこう計算できる。

$$y \times \boxed{} + (1-y) \times \boxed{} = \boxed{}$$

　混合戦略のナッシュ均衡では $\boxed{} = \boxed{}$ が成り立つので、$y = \boxed{}$ である。

　次に、プレイヤー2が「L」と「R」を選んだ場合の期待利得をそれぞれ計算する。「L」を選ぶと、確率 x で利得 ＿＿＿＿ を、確率 $1-x$ で利得 ＿＿＿＿ を得る。そのため、「L」を選んだ場合の期待利得はこう計算できる。

$$x \times \boxed{} + (1-x) \times \boxed{} = \boxed{}$$

　「R」を選ぶと、確率 x で利得 ＿＿＿＿ を、確率 $1-x$ で利得 ＿＿＿＿ を得る。そのため、「R」を選んだ場合の期待利得はこう計算できる。

$$x \times \boxed{} + (1-x) \times \boxed{} = \boxed{}$$

　混合戦略のナッシュ均衡では $\boxed{} = \boxed{}$ が成り立つので、$x = \boxed{}$ である。

　以上より、混合戦略のナッシュ均衡は $(x, y) = (\boxed{}, \boxed{})$ である。

(5)

プレイヤー2

	L	R
T	0, 3	1, 1
M	3, 1	0, 0
B	1, 1	2, 2

プレイヤー1

　このゲームでは、プレイヤー1の戦略「＿＿＿＿」が「＿＿＿＿」を支配している。支配される戦略を消去し、混合戦略を次のように定義する。

●プレイヤー1の混合戦略は「確率 x で『M』を選び、確率 $1-x$ で『B』を選ぶ」。

●プレイヤー2の混合戦略は「確率 y で『L』を選び、確率 $1-y$ で『R』を選ぶ」。

　この定義を踏まえて、混合戦略のナッシュ均衡を求める。

　まず、プレイヤー1が「M」と「B」を選んだ場合の期待利得をそれぞれ計算する。「M」を選ぶと、確率 y で利得 ＿＿＿ を、確率 $1-y$ で利得 ＿＿＿ を得る。そのため、「M」を選んだ場合の期待利得はこう計算できる。

$$y \times \boxed{} + (1-y) \times \boxed{} = \boxed{}$$

「B」を選ぶと、確率 y で利得 ＿＿＿ を、確率 $1-y$ で利得 ＿＿＿ を得る。そのため、「B」を選んだ場合の期待利得はこう計算できる。

$$y \times \boxed{} + (1-y) \times \boxed{} = \boxed{}$$

混合戦略のナッシュ均衡では $\boxed{} = \boxed{}$ が成り立つので、$y = \boxed{}$ である。

　次に、プレイヤー2が「L」と「R」を選んだ場合の期待利得をそれぞれ計算する。「L」を選ぶと、確率 x で利得 ＿＿＿ を、確率 $1-x$ で利得 ＿＿＿ を得る。そのため、「L」を選んだ場合の期待利得はこう計算できる。

$$x \times \boxed{} + (1-x) \times \boxed{} = \boxed{}$$

「R」を選ぶと、確率 x で利得 ＿＿＿ を、確率 $1-x$ で利得 ＿＿＿ を得る。そのため、「R」を選んだ場合の期待利得はこう計算できる。

$$x \times \boxed{} + (1-x) \times \boxed{} = \boxed{}$$

混合戦略のナッシュ均衡では $\boxed{} = \boxed{}$ が成り立つので、$x = \boxed{}$ である。

　以上より、混合戦略のナッシュ均衡は $(x, y) = (\boxed{}, \boxed{})$ である。

(6)

プレイヤー2

		L	R
	T	0, 1	3, 2
プレイヤー1	M	2, 3	2, 0
	B	1, 2	1, 3

　このゲームでは、プレイヤー1の戦略「____」が「____」を支配している。支配される戦略を消去し、混合戦略を次のように定義する。

●プレイヤー1の混合戦略は「確率 x で『T』を選び、確率 $1-x$ で『M』を選ぶ」。

●プレイヤー2の混合戦略は「確率 y で『L』を選び、確率 $1-y$ で『R』を選ぶ」。

　この定義を踏まえて、混合戦略のナッシュ均衡を求める。

　まず、プレイヤー1が「T」と「M」を選んだ場合の期待利得をそれぞれ計算する。「T」を選ぶと、確率 y で利得 ____ を、確率 $1-y$ で利得 ____ を得る。そのため、「T」を選んだ場合の期待利得はこう計算できる。

$$y \times \boxed{} + (1-y) \times \boxed{} = \boxed{}$$

　「M」を選ぶと、確率 y で利得 ____ を、確率 $1-y$ で利得 ____ を得る。そのため、「M」を選んだ場合の期待利得はこう計算できる。

$$y \times \boxed{} + (1-y) \times \boxed{} = \boxed{}$$

　混合戦略のナッシュ均衡では ____ = ____ が成り立つので、$y =$ ____ である。

　次に、プレイヤー2が「L」と「R」を選んだ場合の期待利得をそれぞれ計算する。「L」を選ぶと、確率 x で利得 ____ を、確率 $1-x$ で利得 ____ を得る。そのため、「L」を選んだ場合の期待利得はこう計算できる。

$$x \times \boxed{} + (1-x) \times \boxed{} = \boxed{}$$

　「R」を選ぶと、確率 x で利得 ____ を、確率 $1-x$ で利得 ____ を得る。そのため、「R」を選んだ場合の期待利得はこう計算できる。

$$x \times \boxed{} + (1-x) \times \boxed{} = \boxed{}$$

　混合戦略のナッシュ均衡では ____ = ____ が成り立つので、$x =$ ____ である。

　以上より、混合戦略のナッシュ均衡は $(x, y) = ($ ____ $,$ ____ $)$ である。

(7)

プレイヤー2

	L	C	R
T	3, 2	4, 1	1, 0
プレイヤー1　M	1, 3	0, 2	2, 4
B	2, 1	1, 0	4, 2

　このゲームでは、プレイヤー1の戦略「　　　　」が「　　　　」を支配している。また、プレイヤー2の戦略「　　　　」が「　　　　」を支配している。支配される戦略を消去し、混合戦略を次のように定義する。

●プレイヤー1の混合戦略は「確率 x で『T』を選び、確率 $1-x$ で『B』を選ぶ」。

●プレイヤー2の混合戦略は「確率 y で『L』を選び、確率 $1-y$ で『R』を選ぶ」。

　この定義を踏まえて、混合戦略のナッシュ均衡を求める。

　まず、プレイヤー1が「T」と「B」を選んだ場合の期待利得をそれぞれ計算する。「T」を選ぶと、確率 y で利得　　　　を、確率 $1-y$ で利得　　　　を得る。そのため、「T」を選んだ場合の期待利得はこう計算できる。

$$y \times \boxed{} + (1-y) \times \boxed{} = \boxed{}$$

　「B」を選ぶと、確率 y で利得　　　　を、確率 $1-y$ で利得　　　　を得る。そのため、「B」を選んだ場合の期待利得はこう計算できる。

$$y \times \boxed{} + (1-y) \times \boxed{} = \boxed{}$$

　混合戦略のナッシュ均衡では $\boxed{} = \boxed{}$ が成り立つので、$y = \boxed{}$ である。

　次に、プレイヤー2が「L」と「R」を選んだ場合の期待利得をそれぞれ計算する。「L」を選ぶと、確率 x で利得　　　　を、確率 $1-x$ で利得　　　　を得る。そのため、「L」を選んだ場合の期待利得はこう計算できる。

$$x \times \boxed{} + (1-x) \times \boxed{} = \boxed{}$$

　「R」を選ぶと、確率 x で利得　　　　を、確率 $1-x$ で利得　　　　を得る。そのため、「R」を選んだ場合の期待利得はこう計算できる。

$$x \times \boxed{} + (1-x) \times \boxed{} = \boxed{}$$

　混合戦略のナッシュ均衡では $\boxed{} = \boxed{}$ が成り立つので、$x = \boxed{}$ である。

　以上より、混合戦略のナッシュ均衡は $(x, y) = (\boxed{}, \boxed{})$ である。

(8)

	プレイヤー2		
	L	C	R
T	2, 2	0, 4	2, 3
M	2, 1	3, 1	1, 2
B	1, 1	2, 0	0, 4

プレイヤー1　M（Tの行, Mの行, Bの行）

このゲームでは、プレイヤー1の戦略「＿＿＿＿」が「＿＿＿＿」を支配している。また、プレイヤー2の戦略「＿＿＿＿」が「＿＿＿＿」を支配している。支配される戦略を消去し、混合戦略を次のように定義する。

●プレイヤー1の混合戦略は「確率 x で『T』を選び、確率 $1-x$ で『M』を選ぶ」。

●プレイヤー2の混合戦略は「確率 y で『C』を選び、確率 $1-y$ で『R』を選ぶ」。

　この定義を踏まえて、混合戦略のナッシュ均衡を求める。

　まず、プレイヤー1が「T」と「M」を選んだ場合の期待利得をそれぞれ計算する。「T」を選ぶと、確率 y で利得＿＿＿＿を、確率 $1-y$ で利得＿＿＿＿を得る。そのため、「T」を選んだ場合の期待利得はこう計算できる。

$$y \times \boxed{} + (1-y) \times \boxed{} = \boxed{}$$

　「M」を選ぶと、確率 y で利得＿＿＿＿を、確率 $1-y$ で利得＿＿＿＿を得る。そのため、「M」を選んだ場合の期待利得はこう計算できる。

$$y \times \boxed{} + (1-y) \times \boxed{} = \boxed{}$$

　混合戦略のナッシュ均衡では $\boxed{} = \boxed{}$ が成り立つので、$y = \boxed{}$ である。

　次に、プレイヤー2が「C」と「R」を選んだ場合の期待利得をそれぞれ計算する。「C」を選ぶと、確率 x で利得＿＿＿＿を、確率 $1-x$ で利得＿＿＿＿を得る。そのため、「C」を選んだ場合の期待利得はこう計算できる。

$$x \times \boxed{} + (1-x) \times \boxed{} = \boxed{}$$

　「R」を選ぶと、確率 x で利得＿＿＿＿を、確率 $1-x$ で利得＿＿＿＿を得る。そのため、「R」を選んだ場合の期待利得はこう計算できる。

$$x \times \boxed{} + (1-x) \times \boxed{} = \boxed{}$$

　混合戦略のナッシュ均衡では $\boxed{} = \boxed{}$ が成り立つので、$x = \boxed{}$ である。

　以上より、混合戦略のナッシュ均衡は $(x, y) = (\boxed{}, \boxed{})$ である。

(9)

<table>
<tr><th></th><th colspan="3">プレイヤー2</th></tr>
<tr><th></th><th>L</th><th>C</th><th>R</th></tr>
</table>

		L	C	R
	T	3, 0	0, 1	2, 2
プレイヤー1	M	1, 2	4, 0	1, 1
	B	0, 4	3, 0	3, 3

　このゲームでは、プレイヤー2の戦略「　　　」が「　　　」を支配している。「　　　」を消去したゲームでは、プレイヤー1の戦略「　　　」が「　　　」を支配している。支配される戦略を消去し、混合戦略を次のように定義する。

● プレイヤー1の混合戦略は「確率 x で『T』を選び、確率 $1-x$ で『B』を選ぶ」。

● プレイヤー2の混合戦略は「確率 y で『L』を選び、確率 $1-y$ で『R』を選ぶ」。

　この定義を踏まえて、混合戦略のナッシュ均衡を求める。

　まず、プレイヤー1が「T」と「B」を選んだ場合の期待利得をそれぞれ計算する。「T」を選ぶと、確率 y で利得　　　を、確率 $1-y$ で利得　　　を得る。そのため、「T」を選んだ場合の期待利得はこう計算できる。

$$y \times \boxed{} + (1-y) \times \boxed{} = \boxed{}$$

　「B」を選ぶと、確率 y で利得　　　を、確率 $1-y$ で利得　　　を得る。そのため、「B」を選んだ場合の期待利得はこう計算できる。

$$y \times \boxed{} + (1-y) \times \boxed{} = \boxed{}$$

　混合戦略のナッシュ均衡では　　　＝　　　が成り立つので、$y =$ 　　　である。

　次に、プレイヤー2が「L」と「R」を選んだ場合の期待利得をそれぞれ計算する。「L」を選ぶと、確率 x で利得　　　を、確率 $1-x$ で利得　　　を得る。そのため、「L」を選んだ場合の期待利得はこう計算できる。

$$x \times \boxed{} + (1-x) \times \boxed{} = \boxed{}$$

　「R」を選ぶと、確率 x で利得　　　を、確率 $1-x$ で利得　　　を得る。そのため、「R」を選んだ場合の期待利得はこう計算できる。

$$x \times \boxed{} + (1-x) \times \boxed{} = \boxed{}$$

　混合戦略のナッシュ均衡では　　　＝　　　が成り立つので、$x =$ 　　　である。

　以上より、混合戦略のナッシュ均衡は $(x, y) = (\boxed{}, \boxed{})$ である。

(10)

	プレイヤー2		
	L	C	R
T	3, 3	2, 2	4, 4
プレイヤー1 M	2, 0	1, 2	3, 5
B	4, 3	0, 2	2, 1

　このゲームでは、プレイヤー1の戦略「　　　　」が「　　　　」を支配している。「　　　　」を消去したゲームでは、プレイヤー2の戦略「　　　　」が「　　　　」を支配している。支配される戦略を消去し、混合戦略を次のように定義する。

- プレイヤー1の混合戦略は「確率 x で『T』を選び、確率 $1-x$ で『B』を選ぶ」。
- プレイヤー2の混合戦略は「確率 y で『L』を選び、確率 $1-y$ で『R』を選ぶ」。

　この定義を踏まえて、混合戦略のナッシュ均衡を求める。

　まず、プレイヤー1が「T」と「B」を選んだ場合の期待利得をそれぞれ計算する。「T」を選ぶと、確率 y で利得　　　　を、確率 $1-y$ で利得　　　　を得る。そのため、「T」を選んだ場合の期待利得はこう計算できる。

$$y \times \boxed{} + (1-y) \times \boxed{} = \boxed{}$$

　「B」を選ぶと、確率 y で利得　　　　を、確率 $1-y$ で利得　　　　を得る。そのため、「B」を選んだ場合の期待利得はこう計算できる。

$$y \times \boxed{} + (1-y) \times \boxed{} = \boxed{}$$

　混合戦略のナッシュ均衡では $\boxed{} = \boxed{}$ が成り立つので、$y = \boxed{}$ である。

　次に、プレイヤー2が「L」と「R」を選んだ場合の期待利得をそれぞれ計算する。「L」を選ぶと、確率 x で利得　　　　を、確率 $1-x$ で利得　　　　を得る。そのため、「L」を選んだ場合の期待利得はこう計算できる。

$$x \times \boxed{} + (1-x) \times \boxed{} = \boxed{}$$

　「R」を選ぶと、確率 x で利得　　　　を、確率 $1-x$ で利得　　　　を得る。そのため、「R」を選んだ場合の期待利得はこう計算できる。

$$x \times \boxed{} + (1-x) \times \boxed{} = \boxed{}$$

　混合戦略のナッシュ均衡では $\boxed{} = \boxed{}$ が成り立つので、$x = \boxed{}$ である。

　以上より、混合戦略のナッシュ均衡は $(x, y) = (\boxed{}, \boxed{})$ である。

3 混合戦略のナッシュ均衡 （3）

[例題]　次の利得行列で表された戦略形ゲームについて、混合戦略まで考えてナッシュ均衡を答えなさい。ここで、「T」「B」「L」「R」を純粋戦略と呼ぶ。

		プレイヤー 2	
		L	R
プレイヤー 1	T	2, 1	0, 0
	B	0, 0	1, 2

[答え]

(T, L)、(B, R) という純粋戦略の組と、プレイヤー1の「確率$\frac{2}{3}$で『T』、確率$\frac{1}{3}$で『B』を選ぶ」という混合戦略と、プレイヤー2の「確率$\frac{1}{3}$で『L』、確率$\frac{2}{3}$で『R』を選ぶ」という混合戦略の組。

|||||| 解き方 ||||||||||||||||||||||||||||||||||||||||||||||||||||||||||||||||||

[ステップ1]　プレイヤー 1 の純粋戦略「T」「B」およびプレイヤー 2 の純粋戦略「L」「R」に確率を割り振り、各プレイヤーの混合戦略を定義する。具体的には、以下のように定義する。

● プレイヤー 1 の混合戦略は「確率 x で『T』を選び、確率 $1-x$ で『B』を選ぶ」。
● プレイヤー 2 の混合戦略は「確率 y で『L』を選び、確率 $1-y$ で『R』を選ぶ」。

		プレイヤー 2	
		L(y)	R($1-y$)
プレイヤー 1	T(x)	2, 1	0, 0
	B($1-x$)	0, 0	1, 2

[ステップ2]　プレイヤー 1 が「T」と「B」を選んだ場合の期待利得をそれぞれ計算する。

　「T」を選ぶと、確率 y で利得2を、確率 $1-y$ で利得0を得る（次表の■）。そのため、「T」を選んだ場合の期待利得は以下の通りである。

$$y \times 2 + (1-y) \times 0 = 2y$$

プレイヤー2

		L(y)	R($1-y$)
プレイヤー1	T	2, 1	0, 0
	B	0, 0	1, 2

「B」を選ぶと、確率yで利得0を、確率$1-y$で利得1を得る（次表の■）。そのため、「B」を選んだ場合の期待利得は以下の通りである。

$$y \times 0 + (1-y) \times 1 = 1-y$$

プレイヤー2

		L(y)	R($1-y$)
プレイヤー1	T	2, 1	0, 0
	B	0, 0	1, 2

ステップ3 プレイヤー1の最適戦略は次のようにまとめられる。

- $2y > 1-y$（つまり$y > \frac{1}{3}$）ならば「T」を選ぶ。すなわち、$x=1$である（確率1で「T」を選ぶ）。
- $2y < 1-y$（つまり$y < \frac{1}{3}$）ならば「B」を選ぶ。すなわち、$x=0$である（確率0で「T」を選ぶ）。
- $2y = 1-y$（つまり$y = \frac{1}{3}$）ならば「T」「B」は無差別。すなわち、$0 \le x \le 1$（どんな確率で「T」を選んでも最適）。

ステップ4 プレイヤー1の最適応答戦略を図示する。

① （$x=1, \frac{1}{3} < y \le 1$）を図に書き込む（左下図）。

② （$x=0, 0 \le y < \frac{1}{3}$）を図に書き込む（右下図）（本来は$y$軸に重なるのだが、見やすさを優先して、$y$軸より少しだけ右に書いてある）。

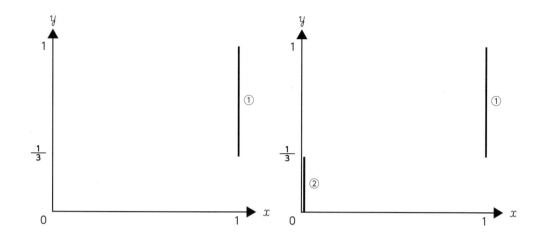

③（$0 \leq x \leq 1$, $y = \dfrac{1}{3}$）を図に書き込む（下図）。①②③をつなげた線がプレイヤー1
の最適応答戦略。

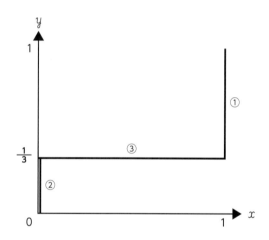

ステップ5 プレイヤー2が「L」と「R」を選んだ場合の期待利得をそれぞれ計算する。

「L」を選ぶと、確率xで利得1を、確率$1-x$で利得0を得る（次表の■）。そのため、
「L」を選んだ場合の期待利得は以下の通りである。

$$x \times 1 + (1-x) \times 0 = x$$

プレイヤー2

		L	R
プレイヤー1	T(x)	2, 1	0, 0
	B($1-x$)	0, 0	1, 2

「R」を選ぶと、確率xで利得0を、確率$1-x$で利得2を得る（次表の■）。そのため、「R」を選んだ場合の期待利得は以下の通りである。

$$x \times 0 + (1-x) \times 2 = 2-2x$$

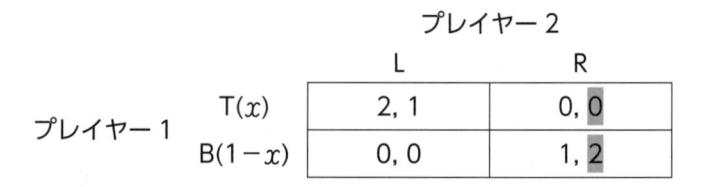

		プレイヤー2	
		L	R
プレイヤー1	T(x)	2, 1	0, 0
	B($1-x$)	0, 0	1, 2

<u>ステップ6</u> プレイヤー2の最適戦略は次のようにまとめられる。

① $x > 2-2x$（つまり $x > \frac{2}{3}$）ならば「L」を選ぶ。すなわち、$y=1$である（確率1で「L」を選ぶ）。

② $x < 2-2x$（つまり $x < \frac{2}{3}$）ならば「R」を選ぶ。すなわち、$y=0$である（確率0で「L」を選ぶ）。

③ $x = 2-2x$（つまり $x = \frac{2}{3}$）ならば「L」「R」は無差別。すなわち、$0 \leq y \leq 1$（どんな確率で「L」を選んでも最適）。

<u>ステップ7</u> プレイヤー2の最適応答戦略を図示する。

① （$\frac{2}{3} < x \leq 1$, $y=1$）を図に書き込む（左下図）。

② （$0 \leq x < \frac{2}{3}$, $y=0$）を図に書き込む（右下図）（本来はx軸に重なるのだが、見やすさを優先して、x軸より少しだけ上に書いてある）。

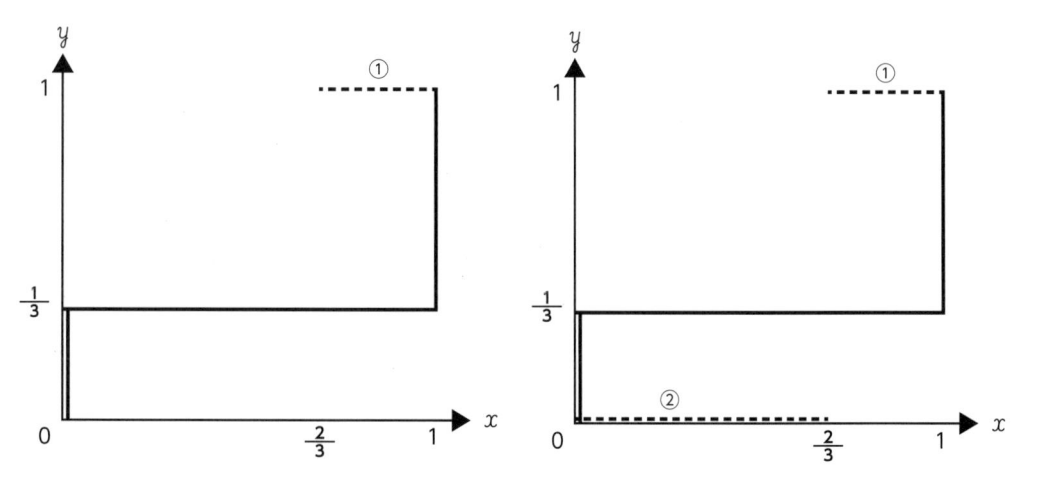

③ $(x=\dfrac{2}{3},\ 0\le y\le 1)$ を図に書き込む（下図）。①②③をつなげた線がプレイヤー2の最適応答戦略。

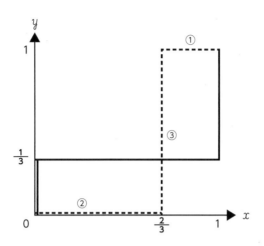

ステップ8 プレイヤー1とプレイヤー2の最適応答戦略の線が重なる領域がナッシュ均衡（下図の○で囲んだ交点）。つまり、ナッシュ均衡は $(x,\ y) = (0,\ 0)$、$(\dfrac{2}{3},\ \dfrac{1}{3})$、$(1,\ 1)$ の3点。$(0,\ 0)$ と $(1,\ 1)$ はそれぞれ $(B,\ R)$ と $(T,\ L)$ という純粋戦略のナッシュ均衡に対応している。

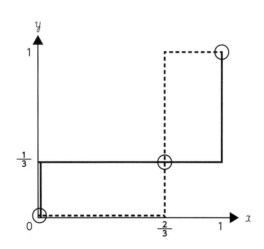

問題 A 次の利得行列で表された戦略形ゲームについて、混合戦略まで考えてナッシュ均衡を求めたい。

プレイヤー1の純粋戦略「T」「B」およびプレイヤー2の純粋戦略「L」「R」に確率を割り振り、各プレイヤーの混合戦略を以下のように定義する。

● プレイヤー1の混合戦略は「確率 x で『T』を選び、確率 $1-x$ で『B』を選ぶ」。

● プレイヤー2の混合戦略は「確率 y で『L』を選び、確率 $1-y$ で『R』を選ぶ」。

この混合戦略を踏まえ、適切な数値や文字式を空欄に入れなさい。また、プレイヤーの最適応答戦略とナッシュ均衡を図示しなさい。

(1)

		プレイヤー2	
		L	R
プレイヤー1	T	4, 2	1, 1
	B	2, 1	3, 3

まず、プレイヤー1が「T」と「B」を選んだ場合の期待利得をそれぞれ計算する。「T」を選ぶと、確率 y で利得 ⬚ を、確率 $1-y$ で利得 ⬚ を得る。そのため、「T」を選んだ場合の期待利得はこう計算できる。

$$y \times \boxed{} + (1-y) \times \boxed{} = \boxed{}$$

「B」を選ぶと、確率 y で利得 ⬚ を、確率 $1-y$ で利得 ⬚ を得る。そのため、「B」を選んだ場合の期待利得はこう計算できる。

$$y \times \boxed{} + (1-y) \times \boxed{} = \boxed{}$$

プレイヤー1の最適応答戦略は次のようにまとめられる。

● $\boxed{} > \boxed{}$ （つまり $y > \boxed{}$）ならば「T」を選ぶ。すなわち、$x = 1$ である（確率1で「T」を選ぶ）。

● $\boxed{} < \boxed{}$ （つまり $y < \boxed{}$）ならば「B」を選ぶ。すなわち、$x = 0$ である（確率0で「T」を選ぶ）。

● $\boxed{} = \boxed{}$ （つまり $y = \boxed{}$）ならば「T」「B」は無差別。すなわち、$0 \leq x \leq 1$ （どんな確率で「T」を選んでも最適）。

次に、プレイヤー2が「L」と「R」を選んだ場合の期待利得をそれぞれ計算する。「L」を選ぶと、確率 x で利得 ⬚ を、確率 $1-x$ で利得 ⬚ を得る。そのため、「L」を選んだ場合の期待利得はこう計算できる。

$$x \times \boxed{} + (1-x) \times \boxed{} = \boxed{}$$

「R」を選ぶと、確率 x で利得 ⬚ を、確率 $1-x$ で利得 ⬚ を得る。そのため、「R」を選んだ場合の期待利得はこう計算できる。

$$x \times \boxed{} + (1-x) \times \boxed{} = \boxed{}$$

プレイヤー2の最適応答戦略は次のようにまとめられる。

- ⬚⬚⬚ > ⬚⬚⬚（つまり x > ⬚⬚）ならば「L」を選ぶ。すなわち、$y = 1$ である（確率1で「L」を選ぶ）。
- ⬚⬚⬚ < ⬚⬚⬚（つまり x < ⬚⬚）ならば「R」を選ぶ。すなわち、$y = 0$ である（確率0で「L」を選ぶ）。
- ⬚⬚⬚ = ⬚⬚⬚（つまり x = ⬚⬚）ならば「L」「R」は無差別。すなわち、$0 \leq y \leq 1$（どんな確率で「L」を選んでも最適）。

最適応答戦略を示した図において、プレイヤー1とプレイヤー2の最適応答戦略が重なった領域がナッシュ均衡である。具体的には $(x, y) = ($ ⬚⬚ , ⬚⬚ $)$、$($ ⬚⬚ , ⬚⬚ $)$、$($ ⬚⬚ , ⬚⬚ $)$ である。

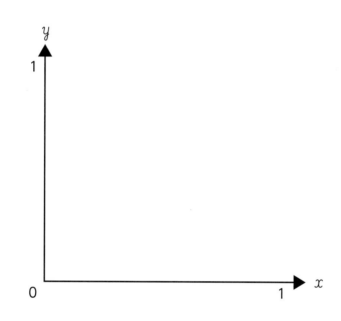

(2)

		プレイヤー2	
		L	R
プレイヤー1	T	1, 1	2, 4
	B	3, 4	1, 2

まず、プレイヤー1が「T」と「B」を選んだ場合の期待利得をそれぞれ計算する。「T」を選ぶと、確率yで利得 ☐ を、確率$1-y$で利得 ☐ を得る。そのため、「T」を選んだ場合の期待利得はこう計算できる。

$$y \times \boxed{} + (1-y) \times \boxed{} = \boxed{}$$

「B」を選ぶと、確率yで利得 ☐ を、確率$1-y$で利得 ☐ を得る。そのため、「B」を選んだ場合の期待利得はこう計算できる。

$$y \times \boxed{} + (1-y) \times \boxed{} = \boxed{}$$

プレイヤー1の最適応答戦略は次のようにまとめられる。

● $\boxed{}$ > $\boxed{}$ （つまり $y <$ $\boxed{}$ ）ならば「T」を選ぶ。すなわち、$x = 1$である（確率1で「T」を選ぶ）。

● $\boxed{}$ < $\boxed{}$ （つまり $y >$ $\boxed{}$ ）ならば「B」を選ぶ。すなわち、$x = 0$である（確率0で「T」を選ぶ）。

● $\boxed{}$ = $\boxed{}$ （つまり $y =$ $\boxed{}$ ）ならば「T」「B」は無差別。すなわち、$0 \leqq x \leqq 1$（どんな確率で「T」を選んでも最適）。

次に、プレイヤー2が「L」と「R」を選んだ場合の期待利得をそれぞれ計算する。「L」を選ぶと、確率xで利得 ☐ を、確率$1-x$で利得 ☐ を得る。そのため、「L」を選んだ場合の期待利得はこう計算できる。

$$x \times \boxed{} + (1-x) \times \boxed{} = \boxed{}$$

「R」を選ぶと、確率xで利得 ☐ を、確率$1-x$で利得 ☐ を得る。そのため、「R」を選んだ場合の期待利得はこう計算できる。

$$x \times \boxed{} + (1-x) \times \boxed{} = \boxed{}$$

プレイヤー2の最適応答戦略は次のようにまとめられる。

● $\boxed{}$ > $\boxed{}$ （つまり $x <$ $\boxed{}$ ）ならば「L」を選ぶ。すなわち、$y = 1$である（確率1で「L」を選ぶ）。

● $\boxed{}$ < $\boxed{}$ （つまり $x >$ $\boxed{}$ ）ならば「R」を選ぶ。すなわち、$y = 0$である（確率0で「L」を選ぶ）。

● $\boxed{}$ = $\boxed{}$ （つまり $x =$ $\boxed{}$ ）ならば「L」「R」は無差別。すなわち、$0 \leqq y \leqq 1$（どんな確率で「L」を選んでも最適）。

最適応答戦略を示した図において、プレイヤー1とプレイヤー2の最適応答戦略が重なった領域がナッシュ均衡である。具体的には $(x, y) = ($ $\boxed{}$, $\boxed{}$)、

$\left(\boxed{}, \boxed{} \right)$、$\left(\boxed{}, \boxed{} \right)$ である。

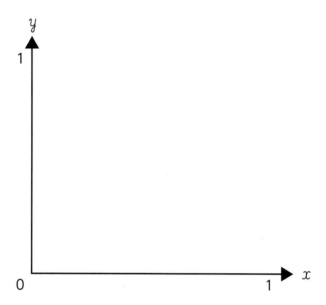

(3)

	プレイヤー2	
	L	R
T	5, 1	0, 4
B	2, 3	3, 1

プレイヤー1

まず、プレイヤー1が「T」と「B」を選んだ場合の期待利得をそれぞれ計算する。「T」を選ぶと、確率yで利得 _____ を、確率$1-y$で利得 _____ を得る。そのため、「T」を選んだ場合の期待利得はこう計算できる。

$$y \times \boxed{} + (1-y) \times \boxed{} = \boxed{}$$

「B」を選ぶと、確率yで利得 _____ を、確率$1-y$で利得 _____ を得る。そのため、「B」を選んだ場合の期待利得はこう計算できる。

$$y \times \boxed{} + (1-y) \times \boxed{} = \boxed{}$$

プレイヤー1の最適応答戦略は次のようにまとめられる。

● _____ > _____ （つまり$y > $ _____ ）ならば「T」を選ぶ。すなわち、$x = 1$である（確率1で「T」を選ぶ）。

● _____ < _____ （つまり$y < $ _____ ）ならば「B」を選ぶ。すなわち、$x = 0$である（確率0で「T」を選ぶ）。

● _____ = _____ （つまり$y = $ _____ ）ならば「T」「B」は無差別。すなわち、$0 \leq x \leq 1$（どんな確率で「T」を選んでも最適）。

次に、プレイヤー2が「L」と「R」を選んだ場合の期待利得をそれぞれ計算する。「L」を選ぶと、確率xで利得 _____ を、確率$1-x$で利得 _____ を得る。そのため、「L」を選んだ場合の期待利得はこう計算できる。

$$x \times \boxed{} + (1-x) \times \boxed{} = \boxed{}$$

「R」を選ぶと、確率xで利得 _____ を、確率$1-x$で利得 _____ を得る。そのため、「R」を選んだ場合の期待利得はこう計算できる。

$$x \times \boxed{} + (1-x) \times \boxed{} = \boxed{}$$

プレイヤー2の最適応答戦略は次のようにまとめられる。

● _____ > _____ （つまり$x < $ _____ ）ならば「L」を選ぶ。すなわち、$y = 1$である（確率1で「L」を選ぶ）。

● _____ < _____ （つまり$x > $ _____ ）ならば「R」を選ぶ。すなわち、$y = 0$である（確率0で「L」を選ぶ）。

● _____ = _____ （つまり$x = $ _____ ）ならば「L」「R」は無差別。すなわち、$0 \leq y \leq 1$（どんな確率で「L」を選んでも最適）。

最適応答戦略を示した図において、プレイヤー1とプレイヤー2の最適応答戦略が重なった領域がナッシュ均衡である。具体的には$(x, y) = ($ _____ $, $ _____ $)$である。

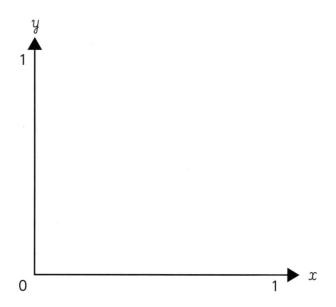

(4)

プレイヤー2

		L	R
プレイヤー1	T	3, 2	1, 1
	B	5, 2	0, 4

　まず、プレイヤー1が「T」と「B」を選んだ場合の期待利得をそれぞれ計算する。「T」を選ぶと、確率 y で利得 ⬚ を、確率 $1-y$ で利得 ⬚ を得る。そのため、「T」を選んだ場合の期待利得はこう計算できる。

$$y \times \boxed{} + (1-y) \times \boxed{} = \boxed{}$$

　「B」を選ぶと、確率 y で利得 ⬚ を、確率 $1-y$ で利得 ⬚ を得る。そのため、「B」を選んだ場合の期待利得はこう計算できる。

$$y \times \boxed{} + (1-y) \times \boxed{} = \boxed{}$$

　プレイヤー1の最適応答戦略は次のようにまとめられる。

● ⬚ > ⬚ （つまり $y <$ ⬚ ）ならば「T」を選ぶ。すなわち、$x = 1$ である（確率1で「T」を選ぶ）。

● ⬚ < ⬚ （つまり $y >$ ⬚ ）ならば「B」を選ぶ。すなわち、$x = 0$ である（確率0で「T」を選ぶ）。

● ⬚ = ⬚ （つまり $y =$ ⬚ ）ならば「T」「B」は無差別。すなわち、$0 \leq x \leq 1$（どんな確率で「T」を選んでも最適）。

　次に、プレイヤー2が「L」と「R」を選んだ場合の期待利得をそれぞれ計算する。「L」を選ぶと、確率 x で利得 ⬚ を、確率 $1-x$ で利得 ⬚ を得る。そのため、「L」を選んだ場合の期待利得はこう計算できる。

$$x \times \boxed{} + (1-x) \times \boxed{} = \boxed{}$$

　「R」を選ぶと、確率 x で利得 ⬚ を、確率 $1-x$ で利得 ⬚ を得る。そのため、「R」を選んだ場合の期待利得はこう計算できる。

$$x \times \boxed{} + (1-x) \times \boxed{} = \boxed{}$$

　プレイヤー2の最適応答戦略は次のようにまとめられる。

● ⬚ > ⬚ （つまり $x >$ ⬚ ）ならば「L」を選ぶ。すなわち、$y = 1$ である（確率1で「L」を選ぶ）。

● ⬚ < ⬚ （つまり $x <$ ⬚ ）ならば「R」を選ぶ。すなわち、$y = 0$ である（確率0で「L」を選ぶ）。

● ⬚ = ⬚ （つまり $x =$ ⬚ ）ならば「L」「R」は無差別。すなわち、$0 \leq y \leq 1$（どんな確率で「L」を選んでも最適）。

　最適応答戦略を示した図において、プレイヤー1とプレイヤー2の最適応答戦略が重なった領域がナッシュ均衡である。具体的には $(x, y) = ($ ⬚ , ⬚ $)$ である。

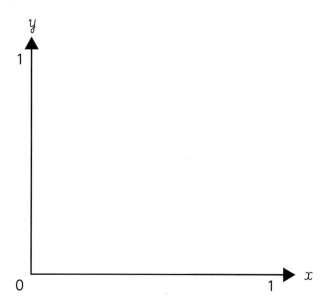

(5)

		プレイヤー2	
		L	R
プレイヤー1	T	1, 0	4, 2
	B	3, 3	2, 1

まず、プレイヤー1が「T」と「B」を選んだ場合の期待利得をそれぞれ計算する。「T」を選ぶと、確率 y で利得 _____ を、確率 $1-y$ で利得 _____ を得る。そのため、「T」を選んだ場合の期待利得はこう計算できる。

$$y \times \boxed{} + (1-y) \times \boxed{} = \boxed{}$$

「B」を選ぶと、確率 y で利得 _____ を、確率 $1-y$ で利得 _____ を得る。そのため、「B」を選んだ場合の期待利得はこう計算できる。

$$y \times \boxed{} + (1-y) \times \boxed{} = \boxed{}$$

プレイヤー1の最適応答戦略は次のようにまとめられる。

- _____ > _____ （つまり $y <$ _____ ）ならば「T」を選ぶ。すなわち、$x = 1$ である（確率1で「T」を選ぶ）。
- _____ < _____ （つまり $y >$ _____ ）ならば「B」を選ぶ。すなわち、$x = 0$ である（確率0で「T」を選ぶ）。
- _____ = _____ （つまり $y =$ _____ ）ならば「T」「B」は無差別。すなわち、$0 \leq x \leq 1$（どんな確率で「T」を選んでも最適）。

次に、プレイヤー2が「L」と「R」を選んだ場合の期待利得をそれぞれ計算する。「L」を選ぶと、確率 x で利得 _____ を、確率 $1-x$ で利得 _____ を得る。そのため、「L」を選んだ場合の期待利得はこう計算できる。

$$x \times \boxed{} + (1-x) \times \boxed{} = \boxed{}$$

「R」を選ぶと、確率 x で利得 _____ を、確率 $1-x$ で利得 _____ を得る。そのため、「R」を選んだ場合の期待利得はこう計算できる。

$$x \times \boxed{} + (1-x) \times \boxed{} = \boxed{}$$

プレイヤー2の最適応答戦略は次のようにまとめられる。

- _____ > _____ （つまり $x <$ _____ ）ならば「L」を選ぶ。すなわち、$y = 1$ である（確率1で「L」を選ぶ）。
- _____ < _____ （つまり $x >$ _____ ）ならば「R」を選ぶ。すなわち、$y = 0$ である（確率0で「L」を選ぶ）。
- _____ = _____ （つまり $x =$ _____ ）ならば「L」「R」は無差別。すなわち、$0 \leq y \leq 1$（どんな確率で「L」を選んでも最適）。

最適応答戦略を示した図において、プレイヤー1とプレイヤー2の最適応答戦略が重なった領域がナッシュ均衡である。具体的には $(x, y) = ($ _____ , _____)、

$($ □ $,$ □ $)$、$($ □ $,$ □ $)$ である。

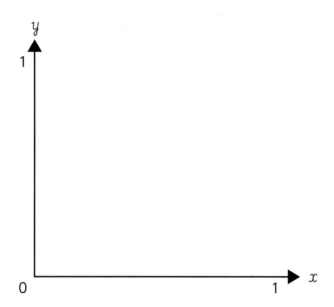

(6)

		プレイヤー2	
		L	R
プレイヤー1	T	1, 0	2, 1
	B	0, 3	5, 2

　まず、プレイヤー1が「T」と「B」を選んだ場合の期待利得をそれぞれ計算する。「T」を選ぶと、確率yで利得 _____ を、確率$1-y$で利得 _____ を得る。そのため、「T」を選んだ場合の期待利得はこう計算できる。

$$y \times \boxed{} + (1-y) \times \boxed{} = \boxed{}$$

　「B」を選ぶと、確率yで利得 _____ を、確率$1-y$で利得 _____ を得る。そのため、「B」を選んだ場合の期待利得はこう計算できる。

$$y \times \boxed{} + (1-y) \times \boxed{} = \boxed{}$$

　プレイヤー1の最適応答戦略は次のようにまとめられる。

- _____ > _____ （つまり$y >$ _____ ）ならば「T」を選ぶ。すなわち、$x = 1$である（確率1で「T」を選ぶ）。
- _____ < _____ （つまり$y <$ _____ ）ならば「B」を選ぶ。すなわち、$x = 0$である（確率0で「T」を選ぶ）。
- _____ = _____ （つまり$y =$ _____ ）ならば「T」「B」は無差別。すなわち、$0 \leqq x \leqq 1$（どんな確率で「T」を選んでも最適）。

　次に、プレイヤー2が「L」と「R」を選んだ場合の期待利得をそれぞれ計算する。「L」を選ぶと、確率xで利得 _____ を、確率$1-x$で利得 _____ を得る。そのため、「L」を選んだ場合の期待利得はこう計算できる。

$$x \times \boxed{} + (1-x) \times \boxed{} = \boxed{}$$

　「R」を選ぶと、確率xで利得 _____ を、確率$1-x$で利得 _____ を得る。そのため、「R」を選んだ場合の期待利得はこう計算できる。

$$x \times \boxed{} + (1-x) \times \boxed{} = \boxed{}$$

　プレイヤー2の最適応答戦略は次のようにまとめられる。

- _____ > _____ （つまり$x <$ _____ ）ならば「L」を選ぶ。すなわち、$y = 1$である（確率1で「L」を選ぶ）。
- _____ < _____ （つまり$x >$ _____ ）ならば「R」を選ぶ。すなわち、$y = 0$である（確率0で「L」を選ぶ）。
- _____ = _____ （つまり$x =$ _____ ）ならば「L」「R」は無差別。すなわち、$0 \leqq y \leqq 1$（どんな確率で「L」を選んでも最適）。

　最適応答戦略を示した図において、プレイヤー1とプレイヤー2の最適応答戦略が重なった領域がナッシュ均衡である。具体的には$(x, y) = (\boxed{}, \boxed{})$である。

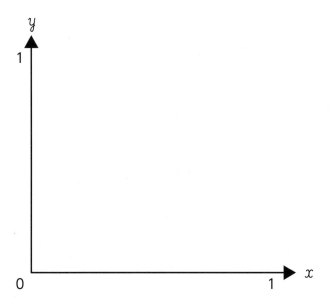

(7)

プレイヤー1		プレイヤー2 L	R
	T	6, 3	1, 1
	B	3, 2	2, 4

まず、プレイヤー1が「T」と「B」を選んだ場合の期待利得をそれぞれ計算する。「T」を選ぶと、確率 y で利得 [　　] を、確率 $1-y$ で利得 [　　] を得る。そのため、「T」を選んだ場合の期待利得はこう計算できる。

$$y \times [\quad] + (1-y) \times [\quad] = [\quad]$$

「B」を選ぶと、確率 y で利得 [　　] を、確率 $1-y$ で利得 [　　] を得る。そのため、「B」を選んだ場合の期待利得はこう計算できる。

$$y \times [\quad] + (1-y) \times [\quad] = [\quad]$$

プレイヤー1の最適応答戦略は次のようにまとめられる。

- [　　　] > [　　　] （つまり $y >$ [　　]） ならば「T」を選ぶ。すなわち、$x = 1$ である（確率1で「T」を選ぶ）。
- [　　　] < [　　　] （つまり $y <$ [　　]） ならば「B」を選ぶ。すなわち、$x = 0$ である（確率0で「T」を選ぶ）。
- [　　　] = [　　　] （つまり $y =$ [　　]） ならば「T」「B」は無差別。すなわち、$0 \leq x \leq 1$ （どんな確率で「T」を選んでも最適）。

次に、プレイヤー2が「L」と「R」を選んだ場合の期待利得をそれぞれ計算する。「L」を選ぶと、確率 x で利得 [　　] を、確率 $1-x$ で利得 [　　] を得る。そのため、「L」を選んだ場合の期待利得はこう計算できる。

$$x \times [\quad] + (1-x) \times [\quad] = [\quad]$$

「R」を選ぶと、確率 x で利得 [　　] を、確率 $1-x$ で利得 [　　] を得る。そのため、「R」を選んだ場合の期待利得はこう計算できる。

$$x \times [\quad] + (1-x) \times [\quad] = [\quad]$$

プレイヤー2の最適応答戦略は次のようにまとめられる。

- [　　　] > [　　　] （つまり $x >$ [　　]） ならば「L」を選ぶ。すなわち、$y = 1$ である（確率1で「L」を選ぶ）。
- [　　　] < [　　　] （つまり $x <$ [　　]） ならば「R」を選ぶ。すなわち、$y = 0$ である（確率0で「L」を選ぶ）。
- [　　　] = [　　　] （つまり $x =$ [　　]） ならば「L」「R」は無差別。すなわち、$0 \leq y \leq 1$ （どんな確率で「L」を選んでも最適）。

最適応答戦略を示した図において、プレイヤー1とプレイヤー2の最適応答戦略が重なった領域がナッシュ均衡である。具体的には $(x, y) = ([\quad], [\quad])$、

（　　　　　, 　　　　　）、（　　　　　, 　　　　　）である。

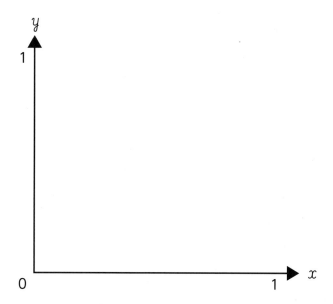

(8)

	プレイヤー2	
	L	R
プレイヤー1　T	3, 1	4, 0
B	4, 2	1, 3

　まず、プレイヤー1が「T」と「B」を選んだ場合の期待利得をそれぞれ計算する。「T」を選ぶと、確率 y で利得 [　　] を、確率 $1-y$ で利得 [　　] を得る。そのため、「T」を選んだ場合の期待利得はこう計算できる。

$$y \times \boxed{} + (1-y) \times \boxed{} = \boxed{}$$

　「B」を選ぶと、確率 y で利得 [　　] を、確率 $1-y$ で利得 [　　] を得る。そのため、「B」を選んだ場合の期待利得はこう計算できる。

$$y \times \boxed{} + (1-y) \times \boxed{} = \boxed{}$$

　プレイヤー1の最適応答戦略は次のようにまとめられる。

- [　　] > [　　]（つまり $y <$ [　　]）ならば「T」を選ぶ。すなわち、$x = 1$ である（確率1で「T」を選ぶ）。
- [　　] < [　　]（つまり $y >$ [　　]）ならば「B」を選ぶ。すなわち、$x = 0$ である（確率0で「T」を選ぶ）。
- [　　] = [　　]（つまり $y =$ [　　]）ならば「T」「B」は無差別。すなわち、$0 \leqq x \leqq 1$（どんな確率で「T」を選んでも最適）。

　次に、プレイヤー2が「L」と「R」を選んだ場合の期待利得をそれぞれ計算する。「L」を選ぶと、確率 x で利得 [　　] を、確率 $1-x$ で利得 [　　] を得る。そのため、「L」を選んだ場合の期待利得はこう計算できる。

$$x \times \boxed{} + (1-x) \times \boxed{} = \boxed{}$$

　「R」を選ぶと、確率 x で利得 [　　] を、確率 $1-x$ で利得 [　　] を得る。そのため、「R」を選んだ場合の期待利得はこう計算できる。

$$x \times \boxed{} + (1-x) \times \boxed{} = \boxed{}$$

　プレイヤー2の最適応答戦略は次のようにまとめられる。

- [　　] > [　　]（つまり $x >$ [　　]）ならば「L」を選ぶ。すなわち、$y = 1$ である（確率1で「L」を選ぶ）。
- [　　] < [　　]（つまり $x <$ [　　]）ならば「R」を選ぶ。すなわち、$y = 0$ である（確率0で「L」を選ぶ）。
- [　　] = [　　]（つまり $x =$ [　　]）ならば「L」「R」は無差別。すなわち、$0 \leqq y \leqq 1$（どんな確率で「L」を選んでも最適）。

　最適応答戦略を示した図において、プレイヤー1とプレイヤー2の最適応答戦略が重なった領域がナッシュ均衡である。具体的には $(x, y) = ($ [　　] $,$ [　　] $)$ である。

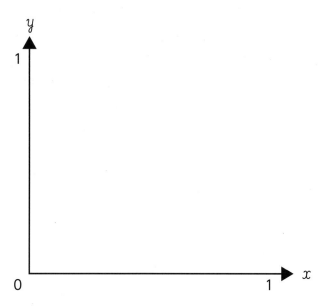

(9)　　　　　　　　　　　　　プレイヤー2

　　　　　　　　　　　　L　　　　　　　R

プレイヤー1　　T　| 4, 4 | 1, 6 |
　　　　　　　　B　| 5, 2 | 0, 1 |

　まず、プレイヤー1が「T」と「B」を選んだ場合の期待利得をそれぞれ計算する。「T」を選ぶと、確率 y で利得 _____ を、確率 $1-y$ で利得 _____ を得る。そのため、「T」を選んだ場合の期待利得はこう計算できる。

$$y \times \boxed{} + (1-y) \times \boxed{} = \boxed{}$$

　「B」を選ぶと、確率 y で利得 _____ を、確率 $1-y$ で利得 _____ を得る。そのため、「B」を選んだ場合の期待利得はこう計算できる。

$$y \times \boxed{} + (1-y) \times \boxed{} = \boxed{}$$

　プレイヤー1の最適応答戦略は次のようにまとめられる。

- $\boxed{}$ > $\boxed{}$ （つまり $y <$ $\boxed{}$）ならば「T」を選ぶ。すなわち、$x = 1$ である（確率1で「T」を選ぶ）。

- $\boxed{}$ < $\boxed{}$ （つまり $y >$ $\boxed{}$）ならば「B」を選ぶ。すなわち、$x = 0$ である（確率0で「T」を選ぶ）。

- $\boxed{}$ = $\boxed{}$ （つまり $y =$ $\boxed{}$）ならば「T」「B」は無差別。すなわち、$0 \leqq x \leqq 1$（どんな確率で「T」を選んでも最適）。

　次に、プレイヤー2が「L」と「R」を選んだ場合の期待利得をそれぞれ計算する。「L」を選ぶと、確率 x で利得 _____ を、確率 $1-x$ で利得 _____ を得る。そのため、「L」を選んだ場合の期待利得はこう計算できる。

$$x \times \boxed{} + (1-x) \times \boxed{} = \boxed{}$$

　「R」を選ぶと、確率 x で利得 _____ を、確率 $1-x$ で利得 _____ を得る。そのため、「R」を選んだ場合の期待利得はこう計算できる。

$$x \times \boxed{} + (1-x) \times \boxed{} = \boxed{}$$

　プレイヤー2の最適応答戦略は次のようにまとめられる。

- $\boxed{}$ > $\boxed{}$ （つまり $x <$ $\boxed{}$）ならば「L」を選ぶ。すなわち、$y = 1$ である（確率1で「L」を選ぶ）。

- $\boxed{}$ < $\boxed{}$ （つまり $x >$ $\boxed{}$）ならば「R」を選ぶ。すなわち、$y = 0$ である（確率0で「L」を選ぶ）。

- $\boxed{}$ = $\boxed{}$ （つまり $x =$ $\boxed{}$）ならば「L」「R」は無差別。すなわち、$0 \leqq y \leqq 1$（どんな確率で「L」を選んでも最適）。

　最適応答戦略を示した図において、プレイヤー1とプレイヤー2の最適応答戦略が重なった領域がナッシュ均衡である。具体的には $(x, y) = ($ $\boxed{}$, $\boxed{}$)、

(,   )、(,   ) である。

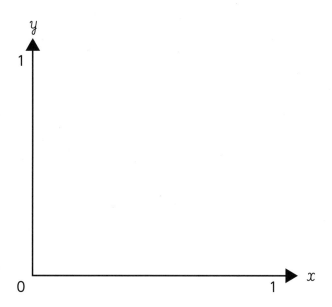

(10)

　　　　　　　　　　　　　　プレイヤー2
　　　　　　　　　　　　　L　　　　　R

プレイヤー1　T　| 3, 2 | 1, 5 |
　　　　　　　B　| 1, 2 | 4, 1 |

　まず、プレイヤー1が「T」と「B」を選んだ場合の期待利得をそれぞれ計算する。「T」を選ぶと、確率 y で利得 ⬚ を、確率 $1-y$ で利得 ⬚ を得る。そのため、「T」を選んだ場合の期待利得はこう計算できる。

$$y \times \boxed{} + (1-y) \times \boxed{} = \boxed{}$$

　「B」を選ぶと、確率 y で利得 ⬚ を、確率 $1-y$ で利得 ⬚ を得る。そのため、「B」を選んだ場合の期待利得はこう計算できる。

$$y \times \boxed{} + (1-y) \times \boxed{} = \boxed{}$$

　プレイヤー1の最適応答戦略は次のようにまとめられる。

- ⬚ > ⬚ （つまり $y >$ ⬚ ）ならば「T」を選ぶ。すなわち、$x=1$ である（確率1で「T」を選ぶ）。
- ⬚ < ⬚ （つまり $y <$ ⬚ ）ならば「B」を選ぶ。すなわち、$x=0$ である（確率0で「T」を選ぶ）。
- ⬚ = ⬚ （つまり $y =$ ⬚ ）ならば「T」「B」は無差別。すなわち、$0 \leq x \leq 1$ （どんな確率で「T」を選んでも最適）。

　次に、プレイヤー2が「L」と「R」を選んだ場合の期待利得をそれぞれ計算する。「L」を選ぶと、確率 x で利得 ⬚ を、確率 $1-x$ で利得 ⬚ を得る。そのため、「L」を選んだ場合の期待利得はこう計算できる。

$$x \times \boxed{} + (1-x) \times \boxed{} = \boxed{}$$

　「R」を選ぶと、確率 x で利得 ⬚ を、確率 $1-x$ で利得 ⬚ を得る。そのため、「R」を選んだ場合の期待利得はこう計算できる。

$$x \times \boxed{} + (1-x) \times \boxed{} = \boxed{}$$

　プレイヤー2の最適応答戦略は次のようにまとめられる。

- ⬚ > ⬚ （つまり $x <$ ⬚ ）ならば「L」を選ぶ。すなわち、$y=1$ である（確率1で「L」を選ぶ）。
- ⬚ < ⬚ （つまり $x >$ ⬚ ）ならば「R」を選ぶ。すなわち、$y=0$ である（確率0で「L」を選ぶ）。
- ⬚ = ⬚ （つまり $x =$ ⬚ ）ならば「L」「R」は無差別。すなわち、$0 \leq y \leq 1$ （どんな確率で「L」を選んでも最適）。

　最適応答戦略を示した図において、プレイヤー1とプレイヤー2の最適応答戦略が重なった領域がナッシュ均衡である。具体的には $(x, y) = (\boxed{} , \boxed{})$ である。

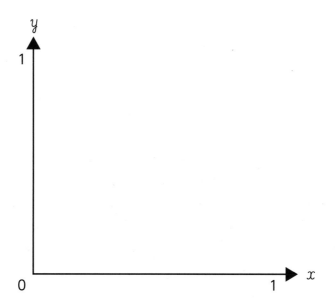

硬貨合わせ

　2人のプレイヤーが、硬貨（コイン）の「表」「裏」のどちらかを上にして手のひらで握る。もちろん、自分が「表」「裏」のどちらを選んだのか、相手に知られないように注意する。2人が手のひらを開き、硬貨の「表」「裏」がそろっていればプレイヤー1の勝ち、ばらばらならばプレイヤー2の勝ちである。

　どちらのプレイヤーもゲームに勝つことを望んでいる。プレイヤーはそれぞれ「表」「裏」のどちらを選ぶべきだろうか。

　このゲームは〈硬貨合わせ〉と呼ばれ、次の利得行列として表される。

<table>
<tr><td></td><td></td><td colspan="2">プレイヤー2</td></tr>
<tr><td></td><td></td><td>表</td><td>裏</td></tr>
<tr><td rowspan="2">プレイヤー1</td><td>表</td><td>1, 0</td><td>0, 1</td></tr>
<tr><td>裏</td><td>0, 1</td><td>1, 0</td></tr>
</table>

　〈硬貨合わせ〉には純粋戦略のナッシュ均衡は存在せず、混合戦略のナッシュ均衡が1つ存在する。具体的に言うと、プレイヤー1の「確率$\frac{1}{2}$で『表』、確率$\frac{1}{2}$で『裏』を選ぶ」という混合戦略と、プレイヤー2の「確率$\frac{1}{2}$で『表』、確率$\frac{1}{2}$で『裏』を選ぶ」という混合戦略の組がナッシュ均衡である。

　〈硬貨合わせ〉はプレイヤーの利害が完全に対立している状況を表している。ジャンケンには「グー」「チョキ」「パー」という3つの戦略があるが、プレイヤーの利害が完全に対立しているという点では〈硬貨合わせ〉とよく似ている。ほかに、次の状況も〈硬貨合わせ〉の一例である。ヨーロッパの鉄道会社は、駅に改札を設けず、その代わりに車内で検札することが多い。検札は手間がかかるため、乗客が無賃乗車しないなら検札を省きたい。他方で、検札がないなら乗客は切符を買わずに電車に乗りたい。ぜひ、読者には自分で利得行列を書いて確かめてほしい。

第 5 章
ベイジアン・ナッシュ均衡

1 ベイジアン・ナッシュ均衡（1）

例題 下図のゲームのどちらをプレイしているのか、2人のプレイヤーには確率的にしかわからない。このベイジアンゲームの状況を戦略形ゲームとして表しなさい。

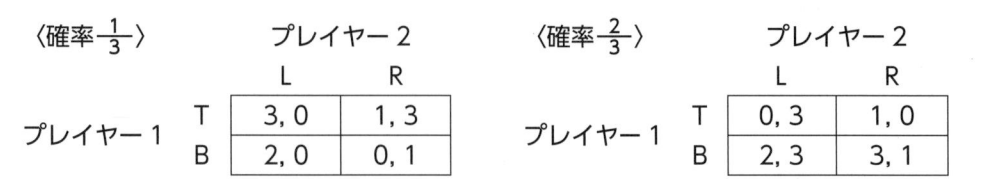

〈確率$\frac{1}{3}$〉

		プレイヤー2	
		L	R
プレイヤー1	T	3, 0	1, 3
	B	2, 0	0, 1

〈確率$\frac{2}{3}$〉

		プレイヤー2	
		L	R
プレイヤー1	T	0, 3	1, 0
	B	2, 3	3, 1

答え

		プレイヤー2	
		L	R
プレイヤー1	T	1, 2	1, 1
	B	2, 2	2, 1

|||||| 解き方 ||||||||||||||||||||||||||||||||||||||||||||||||||||

ステップ1 （T, L）におけるプレイヤーの期待利得をそれぞれ計算する。

プレイヤー1は確率$\frac{1}{3}$で利得3を、確率$\frac{2}{3}$で利得0を得る（次表の■）。そのため、プレイヤー1の期待利得はこう計算できる。

$$\frac{1}{3} \times 3 + \frac{2}{3} \times 0 = 1$$

〈確率$\boxed{\frac{1}{3}}$〉

		プレイヤー2	
		L	R
プレイヤー1	T	3, 0	1, 3
	B	2, 0	0, 1

〈確率$\boxed{\frac{2}{3}}$〉

		プレイヤー2	
		L	R
プレイヤー1	T	0, 3	1, 0
	B	2, 3	3, 1

プレイヤー2は確率$\frac{1}{3}$で利得0を、確率$\frac{2}{3}$で利得3を得る（次表の■）。そのため、プレイヤー2の期待利得はこう計算できる。

$$\frac{1}{3} \times 0 + \frac{2}{3} \times 3 = 2$$

〈確率$\boxed{\frac{1}{3}}$〉

		プレイヤー2	
		L	R
プレイヤー1	T	3, 0	1, 3
	B	2, 0	0, 1

〈確率$\boxed{\frac{2}{3}}$〉

		プレイヤー2	
		L	R
プレイヤー1	T	0, 3	1, 0
	B	2, 3	3, 1

上で計算した2人の期待利得を2×2の利得行列に書き込む（次表の■）。

ステップ2 (T, R) におけるプレイヤーの期待利得をそれぞれ計算する。

プレイヤー1は確率$\frac{1}{3}$で利得1を、確率$\frac{2}{3}$で利得1を得る（次表の■）。そのため、プレイヤー1の期待利得はこう計算できる。

$$\frac{1}{3}\times1+\frac{2}{3}\times1=1$$

〈確率$\frac{1}{3}$〉 プレイヤー2

		L	R
プレイヤー1	T	3, 0	1, 3
	B	2, 0	0, 1

〈確率$\frac{2}{3}$〉 プレイヤー2

		L	R
プレイヤー1	T	0, 3	1, 0
	B	2, 3	3, 1

プレイヤー2は確率$\frac{1}{3}$で利得3を、確率$\frac{2}{3}$で利得0を得る（次表の■）。そのため、プレイヤー2の期待利得はこう計算できる。

$$\frac{1}{3}\times3+\frac{2}{3}\times0=1$$

〈確率$\frac{1}{3}$〉 プレイヤー2

		L	R
プレイヤー1	T	3, 0	1, 3
	B	2, 0	0, 1

〈確率$\frac{2}{3}$〉 プレイヤー2

		L	R
プレイヤー1	T	0, 3	1, 0
	B	2, 3	3, 1

上で計算した2人の期待利得を2×2の利得行列に書き込む（次表の■）。

ステップ3 (B, L) におけるプレイヤーの期待利得をそれぞれ計算する。

プレイヤー1は確率$\frac{1}{3}$で利得2を、確率$\frac{2}{3}$で利得2を得る（次表の■）。そのため、プレイヤー1の期待利得はこう計算できる。

$$\frac{1}{3}\times2+\frac{2}{3}\times2=2$$

〈確率$\frac{1}{3}$〉 プレイヤー2

		L	R
プレイヤー1	T	3, 0	1, 3
	B	2, 0	0, 1

〈確率$\frac{2}{3}$〉 プレイヤー2

		L	R
プレイヤー1	T	0, 3	1, 0
	B	2, 3	3, 1

プレイヤー2は確率$\frac{1}{3}$で利得0を、確率$\frac{2}{3}$で利得3を得る（次表の■）。そのため、プレイヤー2の期待利得はこう計算できる。

$$\frac{1}{3} \times 0 + \frac{2}{3} \times 3 = 2$$

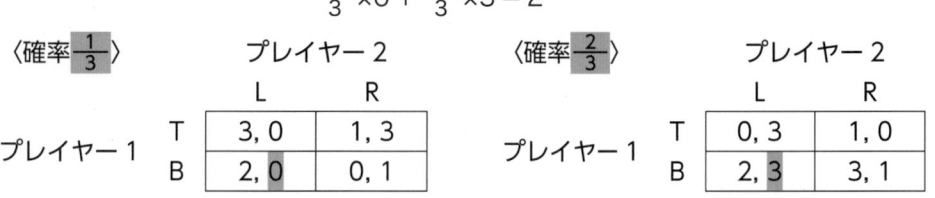

上で計算した2人の期待利得を2×2の利得行列に書き込む（次表の■）。

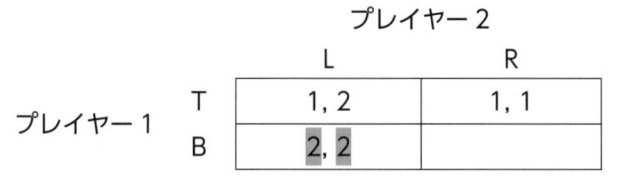

ステップ4 (B, R) におけるプレイヤーの期待利得をそれぞれ計算する。

プレイヤー1は確率$\frac{1}{3}$で利得0を、確率$\frac{2}{3}$で利得3を得る（次表の■）。そのため、プレイヤー1の期待利得はこう計算できる。

$$\frac{1}{3} \times 0 + \frac{2}{3} \times 3 = 2$$

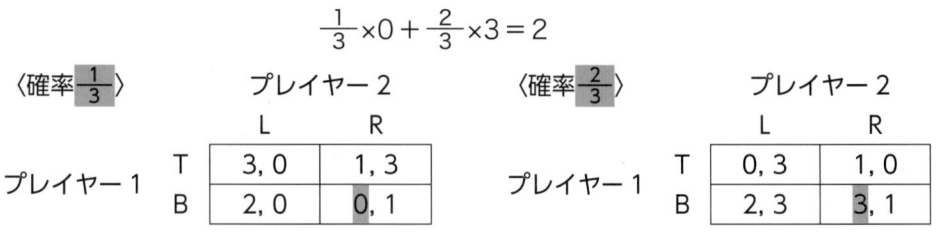

プレイヤー2は確率$\frac{1}{3}$で利得1を、確率$\frac{2}{3}$で利得1を得る（次表の■）。そのため、プレイヤー2の期待利得はこう計算できる。

$$\frac{1}{3} \times 1 + \frac{2}{3} \times 1 = 1$$

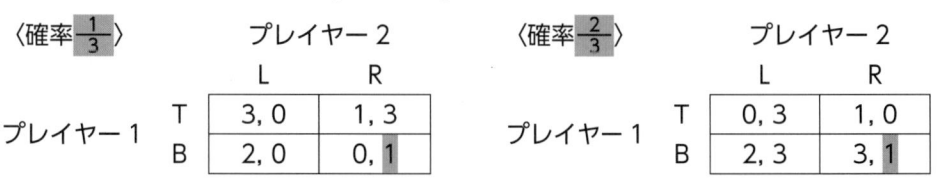

上で計算した2人の期待利得を2×2の利得行列に書き込む（次表の■）。

		プレイヤー2	
		L	R
プレイヤー1	T	1, 2	1, 1
	B	2, 2	2, 1

問題 A 下図のゲームのどちらをプレイしているのか、2人のプレイヤーには確率的にしかわからない。このベイジアンゲームの状況を戦略形ゲームとして表したい。期待利得を計算して利得行列を完成させなさい。また、ベイジアン・ナッシュ均衡（完成させた戦略形ゲームのナッシュ均衡）を求めなさい。

(1)

〈確率 $\frac{1}{2}$〉	プレイヤー2 L	プレイヤー2 R
プレイヤー1 T	4, 3	2, 5
プレイヤー1 B	3, 1	6, 2

〈確率 $\frac{1}{2}$〉	プレイヤー2 L	プレイヤー2 R
プレイヤー1 T	2, 1	4, 3
プレイヤー1 B	1, 5	2, 4

（解答欄）

———————————————

プレイヤー2

プレイヤー1	L	R
T		
B		

(2)

〈確率 $\frac{1}{2}$〉	プレイヤー2 L	プレイヤー2 R
プレイヤー1 T	3, 2	1, 6
プレイヤー1 B	5, 0	3, 4

〈確率 $\frac{1}{2}$〉	プレイヤー2 L	プレイヤー2 R
プレイヤー1 T	5, 4	7, 2
プレイヤー1 B	1, 6	3, 0

（解答欄）

———————————————

プレイヤー2

プレイヤー1	L	R
T		
B		

(3)

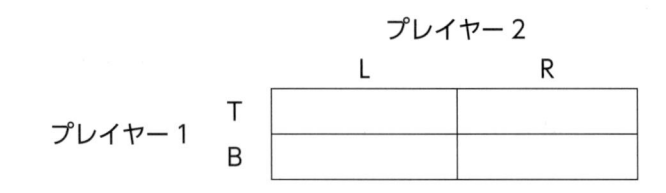

	〈確率 $\frac{1}{2}$〉 プレイヤー2		〈確率 $\frac{1}{2}$〉 プレイヤー2	
	L	R	L	R
プレイヤー1 T	4, 6	2, 3	2, 2	8, 5
プレイヤー1 B	1, 5	4, 7	3, 1	2, 3

（解答欄）

—————————————

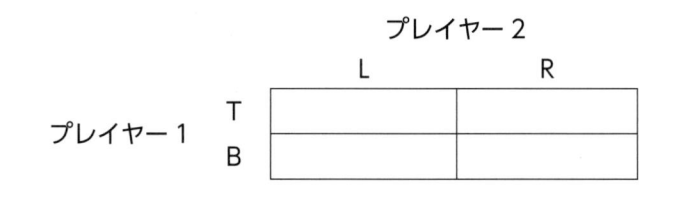

	プレイヤー2 L	R
プレイヤー1 T		
プレイヤー1 B		

(4)

	〈確率 $\frac{1}{2}$〉 プレイヤー2		〈確率 $\frac{1}{2}$〉 プレイヤー2	
	L	R	L	R
プレイヤー1 T	1, 2	5, 1	3, 4	1, 3
プレイヤー1 B	3, 4	4, 0	5, 2	2, 6

（解答欄）

—————————————

	プレイヤー2 L	R
プレイヤー1 T		
プレイヤー1 B		

(5)

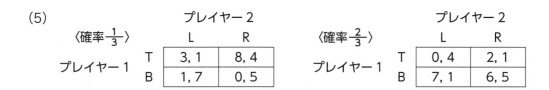

	プレイヤー 2			プレイヤー 2	
〈確率 $\frac{1}{3}$〉	L	R	〈確率 $\frac{2}{3}$〉	L	R
プレイヤー 1 T	3, 1	8, 4	プレイヤー 1 T	0, 4	2, 1
B	1, 7	0, 5	B	7, 1	6, 5

（解答欄）

_____

プレイヤー 1	プレイヤー 2	
	L	R
T		
B		

(6)

	プレイヤー 2			プレイヤー 2	
〈確率 $\frac{4}{5}$〉	L	R	〈確率 $\frac{1}{5}$〉	L	R
プレイヤー 1 T	3, 1	0, 10	プレイヤー 1 T	3, 1	15, 5
B	5, 10	4, 3	B	10, 5	4, 3

（解答欄）

_____

プレイヤー 1	プレイヤー 2	
	L	R
T		
B		

(7)

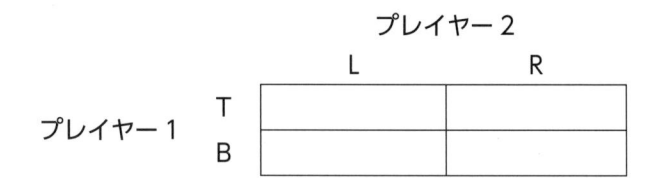

〈確率 $\frac{1}{4}$〉 プレイヤー2

		L	R
プレイヤー1	T	8, 0	4, 3
	B	1, 3	0, 5

〈確率 $\frac{3}{4}$〉 プレイヤー2

		L	R
プレイヤー1	T	0, 8	8, 3
	B	5, 3	4, 1

（解答欄）

_____

プレイヤー2

		L	R
プレイヤー1	T		
	B		

(8)

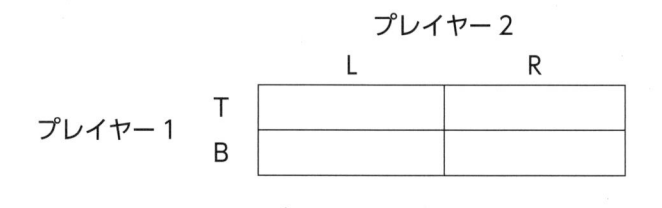

〈確率 $\frac{2}{3}$〉 プレイヤー2

		L	R
プレイヤー1	T	6, 3	1, 2
	B	4, 4	2, 5

〈確率 $\frac{1}{3}$〉 プレイヤー2

		L	R
プレイヤー1	T	3, 6	4, 5
	B	1, 4	5, 8

（解答欄）

_____

プレイヤー2

		L	R
プレイヤー1	T		
	B		

(9)

〈確率 $\frac{1}{4}$〉

プレイヤー2

プレイヤー1	L	R
T	7, 0	5, 3
B	4, 6	2, 5

〈確率 $\frac{3}{4}$〉

プレイヤー2

プレイヤー1	L	R
T	3, 8	1, 7
B	0, 2	6, 1

（解答欄）

プレイヤー2

プレイヤー1	L	R
T		
B		

(10)

〈確率 $\frac{2}{3}$〉

プレイヤー2

プレイヤー1	L	R
T	3, 6	1, 3
B	6, 0	4, 2

〈確率 $\frac{1}{3}$〉

プレイヤー2

プレイヤー1	L	R
T	9, 0	1, 6
B	0, 3	4, 5

（解答欄）

プレイヤー2

プレイヤー1	L	R
T		
B		

問題 B 下図のゲームのどちらをプレイしているのか、2人のプレイヤーには確率的にしかわからない。このベイジアンゲームを戦略形ゲームとして表したい。期待利得を計算して利得行列を完成させなさい。また、ベイジアン・ナッシュ均衡を求めなさい。

(1)

プレイヤー2 〈確率 $\frac{1}{2}$〉

プレイヤー1	L	C	R
T	1, 4	3, 5	2, 1
M	3, 1	4, 1	1, 4
B	2, 6	1, 2	5, 3

プレイヤー2 〈確率 $\frac{1}{2}$〉

プレイヤー1	L	C	R
T	3, 2	1, 3	6, 3
M	1, 5	4, 3	1, 2
B	2, 0	5, 4	1, 5

（解答欄）

プレイヤー2

プレイヤー1	L	C	R
T			
M			
B			

(2)

プレイヤー2 〈確率 $\frac{1}{2}$〉

プレイヤー1	L	C	R
T	1, 5	4, 3	1, 4
M	2, 5	5, 1	4, 0
B	7, 0	3, 2	8, 2

プレイヤー2 〈確率 $\frac{1}{2}$〉

プレイヤー1	L	C	R
T	3, 1	4, 7	7, 4
M	4, 3	1, 5	2, 6
B	3, 2	7, 4	4, 2

（解答欄）

プレイヤー2

プレイヤー1	L	C	R
T			
M			
B			

(3)

	プレイヤー2				プレイヤー2		
〈確率$\frac{1}{2}$〉	L	C	R	〈確率$\frac{1}{2}$〉	L	C	R
T	3, 5	5, 3	4, 4	T	3, 5	1, 5	0, 8
プレイヤー1 M	2, 6	3, 4	1, 2	プレイヤー1 M	4, 2	1, 0	3, 4
B	1, 3	4, 2	2, 1	B	7, 3	4, 2	4, 5

（解答欄）

_____

プレイヤー2

		L	C	R
	T			
プレイヤー1	M			
	B			

(4)

	プレイヤー2				プレイヤー2		
〈確率$\frac{1}{3}$〉	L	C	R	〈確率$\frac{2}{3}$〉	L	C	R
T	2, 3	8, 0	1, 7	T	2, 0	2, 3	7, 1
プレイヤー1 M	0, 5	3, 1	3, 3	プレイヤー1 M	6, 5	0, 4	9, 6
B	7, 3	1, 5	8, 4	B	1, 6	4, 5	2, 1

（解答欄）

_____

プレイヤー2

		L	C	R
	T			
プレイヤー1	M			
	B			

(5)

〈確率 $\frac{3}{4}$〉		プレイヤー2		
		L	C	R
プレイヤー1	T	3, 8	3, 1	0, 5
	M	4, 1	8, 0	4, 6
	B	1, 3	2, 5	5, 3

〈確率 $\frac{1}{4}$〉		プレイヤー2		
		L	C	R
プレイヤー1	T	7, 0	3, 5	4, 1
	M	0, 5	0, 8	0, 2
	B	5, 3	6, 1	1, 7

（解答欄）

_____

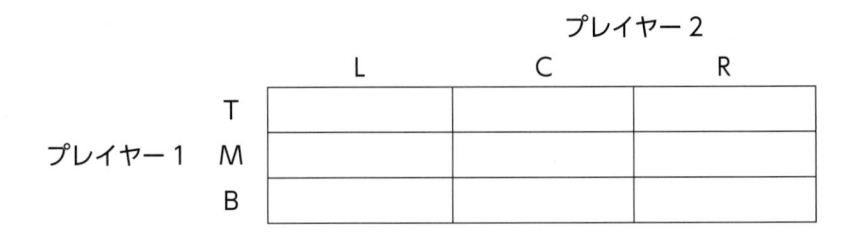

		プレイヤー2		
		L	C	R
プレイヤー1	T			
	M			
	B			

(6)

〈確率 $\frac{1}{3}$〉		プレイヤー2	
		L	R
プレイヤー1	T	2, 4	3, 0
	B	1, 2	1, 3

〈確率 $\frac{1}{3}$〉		プレイヤー2	
		L	R
プレイヤー1	T	0, 3	2, 3
	B	1, 2	4, 2

〈確率 $\frac{1}{3}$〉		プレイヤー2	
		L	R
プレイヤー1	T	4, 2	1, 0
	B	1, 5	4, 1

（解答欄）

_____

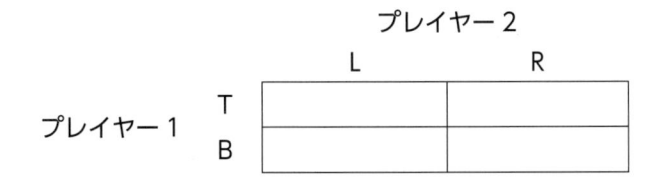

		プレイヤー2	
		L	R
プレイヤー1	T		
	B		

(7)

<table>
<tr><td></td><td colspan="2">プレイヤー 2</td></tr>
<tr><td>〈確率 $\frac{1}{3}$〉</td><td>L</td><td>R</td></tr>
<tr><td rowspan="2">プレイヤー 1　T
B</td><td>2, 3</td><td>0, 3</td></tr>
<tr><td>4, 0</td><td>1, 0</td></tr>
</table>

	プレイヤー 2	
〈確率 $\frac{1}{3}$〉	L	R
T	0, 0	1, 3
B	2, 4	1, 2

	プレイヤー 2	
〈確率 $\frac{1}{3}$〉	L	R
T	1, 0	2, 3
B	3, 2	1, 1

（解答欄）

―――――――――――――

プレイヤー 2

	L	R
プレイヤー 1　T		
B		

(8)

	プレイヤー 2	
〈確率 $\frac{1}{2}$〉	L	R
T	4, 1	0, 3
B	3, 2	2, 2

	プレイヤー 2	
〈確率 $\frac{1}{4}$〉	L	R
T	3, 1	3, 4
B	5, 0	2, 4

	プレイヤー 2	
〈確率 $\frac{1}{4}$〉	L	R
T	5, 5	1, 2
B	1, 0	6, 0

（解答欄）

―――――――――――――

プレイヤー 2

	L	R
プレイヤー 1　T		
B		

(9)

⟨確率 $\frac{1}{5}$⟩ プレイヤー1	プレイヤー2 L	R
T	7, 4	4, 3
B	1, 7	1, 4

⟨確率 $\frac{1}{5}$⟩ プレイヤー1	プレイヤー2 L	R
T	3, 1	2, 4
B	3, 5	1, 0

⟨確率 $\frac{3}{5}$⟩ プレイヤー1	プレイヤー2 L	R
T	0, 0	3, 1
B	2, 1	1, 2

（解答欄）

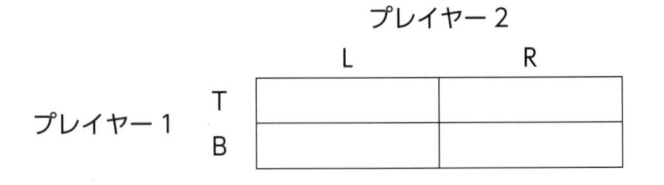

(10)

⟨確率 $\frac{1}{2}$⟩ プレイヤー1	プレイヤー2 L	R
T	1, 4	3, 0
B	2, 1	1, 5

⟨確率 $\frac{1}{3}$⟩ プレイヤー1	プレイヤー2 L	R
T	6, 0	1, 2
B	1, 3	0, 4

⟨確率 $\frac{1}{6}$⟩ プレイヤー1	プレイヤー2 L	R
T	3, 6	1, 2
B	4, 3	3, 1

（解答欄）

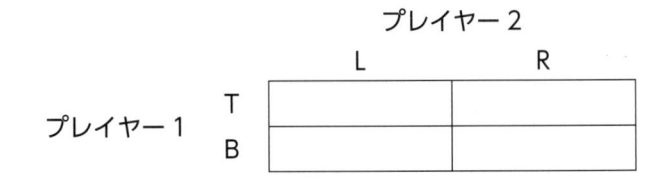

2 ベイジアン・ナッシュ均衡（2）

例題　以下のゲームのどちらをプレイしているのか、プレイヤー 2 は完全に知っているが、プレイヤー 1 には確率的にしかわからない。このベイジアンゲームを戦略形ゲームとして表したうえで、ベイジアン・ナッシュ均衡を求めなさい。

〈確率 $\frac{1}{3}$〉　　　　　プレイヤー 2

		L	R
プレイヤー 1	T	3, 0	1, 3
	B	2, 0	0, 1

〈確率 $\frac{2}{3}$〉　　　　　プレイヤー 2

		L	R
プレイヤー 1	T	0, 3	1, 0
	B	2, 3	3, 1

答え

プレイヤー 2

		LL	LR	RL	RR
プレイヤー 1	T	1, [0, 3]	$\frac{5}{3}$, [0, 0]	$\frac{1}{3}$, [3, 3]	1, [3, 0]
	B	2, [0, 3]	$\frac{8}{3}$, [0, 1]	$\frac{4}{3}$, [1, 3]	2, [1, 1]

ベイジアン・ナッシュ均衡は（B, RL）。

||||| **解き方** ||||||||||||||||||||||||||||||||||||||||||||||||||||||||||||||||||||||||

ステップ1　自分がプレイしているゲームを知っているプレイヤー 2 は左右のゲームで別々の行動を選ぶことができる。そこで、2×4 の利得行列を用意する（下図）。プレイヤー 2 について、例えば「RL」は「左のゲームで『R』、右のゲームで『L』を選ぶ」という戦略を表す。

プレイヤー 2

		LL	LR	RL	RR
プレイヤー 1	T				
	B				

ステップ2　2×4 の利得行列にプレイヤー 2 の利得を書き込む。
　（T, LL）に対応する利得は、プレイヤー 2 が左右のゲームで得る0と3である（次表の■）。

そのため、2×4の利得行列に [0, 3] と書き込む。

		LL	LR	RL	RR
プレイヤー1	T	, [0, 3]			
	B				

（T, LR）に対応する利得は、プレイヤー2が左右のゲームで得る0と0である（次表の■）。

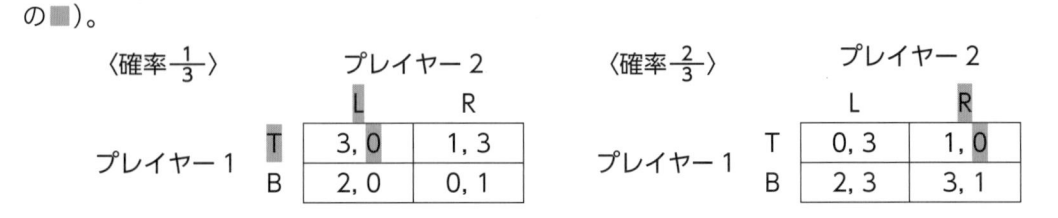

そのため、2×4の利得行列に [0, 0] と書き込む。

同じようにして、プレイヤー2の利得をすべて書き込むと以下のようになる。

		LL	LR	RL	RR
プレイヤー1	T	, [0, 3]	, [0, 0]	, [3, 3]	, [3, 0]
	B	, [0, 3]	, [0, 1]	, [1, 3]	, [1, 1]

ステップ3 2×4の利得行列にプレイヤー2の期待利得を書き込む。

（T, LL）において、プレイヤー1は確率$\frac{1}{3}$で利得3を、確率$\frac{2}{3}$で利得0を得る（次表の■）。そのため、プレイヤー1の期待利得はこう計算できる。

$$\frac{1}{3} \times 3 + \frac{2}{3} \times 0 = 1$$

上で計算したプレイヤー1の期待利得を2×4の利得行列に書き込む（次表の■）。

	プレイヤー2			
	LL	LR	RL	RR
T	1, [0, 3]	, [0, 0]	, [3, 3]	, [3, 0]
B	, [0, 3]	, [0, 1]	, [1, 3]	, [1, 1]

(T, LR) において、プレイヤー1は確率$\frac{1}{3}$で利得3を、確率$\frac{2}{3}$で利得1を得る（次表の■）。そのため、プレイヤー1の期待利得はこう計算できる。

$$\frac{1}{3} \times 3 + \frac{2}{3} \times 1 = \frac{5}{3}$$

上で計算したプレイヤー1の期待利得を2×4の利得行列に書き込む（次表の■）。

	プレイヤー2			
	LL	LR	RL	RR
T	1, [0, 3]	$\frac{5}{3}$, [0, 0]	, [3, 3]	, [3, 0]
B	, [0, 3]	, [0, 1]	, [1, 3]	, [1, 1]

同じようにして、プレイヤー1の期待利得をすべて書き込むと以下のようになる。

	プレイヤー2			
	LL	LR	RL	RR
T	1, [0, 3]	$\frac{5}{3}$, [0, 0]	$\frac{1}{3}$, [3, 3]	1, [3, 0]
B	2, [0, 3]	$\frac{8}{3}$, [0, 1]	$\frac{4}{3}$, [1, 3]	2, [1, 1]

ステップ4 プレイヤー1の利得を縦方向に比べて、1番大きな利得に下線を引く。1番大きな利得が複数ある場合には、すべてに下線を引く。

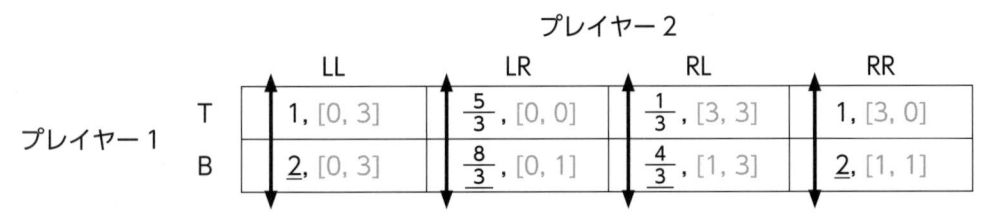

ステップ5 プレイヤー2の左側の利得を横方向に比べて、1番大きな利得に下線を引く。1番大きな利得が複数ある場合には、すべてに下線を引く。

プレイヤー2

	LL	LR	RL	RR
T	1, [0, 3]	$\frac{5}{3}$, [0, 0]	$\frac{1}{3}$, [3, 3]	1, [3, 0]
B	2, [0, 3]	$\frac{8}{3}$, [0, 1]	$\frac{4}{3}$, [1, 3]	2, [1, 1]

プレイヤー2の右側の利得を横方向に比べて、1番大きな利得に下線を引く。1番大きな利得が複数ある場合には、すべてに下線を引く。

プレイヤー2

	LL	LR	RL	RR
T	1, [0, 3]	$\frac{5}{3}$, [0, 0]	$\frac{1}{3}$, [3, 3]	1, [3, 0]
B	2, [0, 3]	$\frac{8}{3}$, [0, 1]	$\frac{4}{3}$, [1, 3]	2, [1, 1]

ステップ6 プレイヤー1とプレイヤー2の利得のすべてに下線が引かれているセルを探す。

プレイヤー2

	LL	LR	RL	RR
T	1, [0, 3]	$\frac{5}{3}$, [0, 0]	$\frac{1}{3}$, [3, 3]	1, [3, 0]
B	2, [0, 3]	$\frac{8}{3}$, [0, 1]	$\frac{4}{3}$, [1, 3]	2, [1, 1]

問題 A 以下のゲームのどちらをプレイしているのか、プレイヤー2は完全に知っているが、プレイヤー1には確率的にしかわからない。このベイジアンゲームを戦略形ゲームとして表したうえで、ベイジアン・ナッシュ均衡を求めなさい。ただし、プレイヤー2の戦略は、左のゲームで選んだ行動と右のゲームで選んだ行動をこの順番に並べている。

(1)

〈確率 $\frac{1}{2}$〉

プレイヤー2

		L	R
プレイヤー1	T	4, 3	2, 5
	B	3, 1	6, 2

〈確率 $\frac{1}{2}$〉

プレイヤー2

		L	R
プレイヤー1	T	2, 1	4, 3
	B	1, 5	2, 4

(解答欄)

プレイヤー2

		LL	LR	RL	RR
プレイヤー1	T				
	B				

(2)

〈確率 $\frac{1}{2}$〉

プレイヤー2

		L	R
プレイヤー1	T	3, 2	1, 6
	B	5, 0	3, 4

〈確率 $\frac{1}{2}$〉

プレイヤー2

		L	R
プレイヤー1	T	5, 4	7, 2
	B	1, 6	3, 0

(解答欄)

プレイヤー2

		LL	LR	RL	RR
プレイヤー1	T				
	B				

(3)

	プレイヤー 2	
〈確率$\frac{1}{2}$〉	L	R
プレイヤー 1 T	4, 6	2, 3
B	1, 5	4, 7

	プレイヤー 2	
〈確率$\frac{1}{2}$〉	L	R
プレイヤー 1 T	2, 2	8, 5
B	3, 1	2, 3

（解答欄）

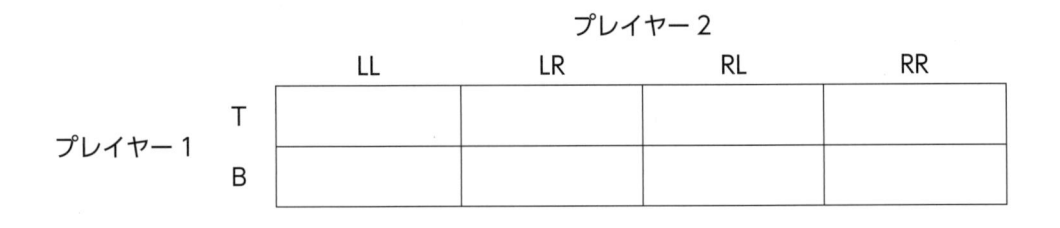

	プレイヤー 2			
	LL	LR	RL	RR
プレイヤー 1 T				
B				

(4)

	プレイヤー 2	
〈確率$\frac{1}{2}$〉	L	R
プレイヤー 1 T	1, 2	5, 1
B	3, 4	4, 0

	プレイヤー 2	
〈確率$\frac{1}{2}$〉	L	R
プレイヤー 1 T	3, 4	1, 3
B	5, 2	2, 6

（解答欄）

	プレイヤー 2			
	LL	LR	RL	RR
プレイヤー 1 T				
B				

(5)

〈確率 $\frac{1}{3}$〉	プレイヤー 2	
	L	R
プレイヤー 1　T	3, 1	8, 4
B	1, 7	0, 5

〈確率 $\frac{2}{3}$〉	プレイヤー 2	
	L	R
プレイヤー 1　T	0, 4	2, 1
B	7, 1	6, 5

（解答欄）

	プレイヤー 2			
	LL	LR	RL	RR
プレイヤー 1　T				
B				

(6)

〈確率 $\frac{4}{5}$〉	プレイヤー 2	
	L	R
プレイヤー 1　T	3, 1	0, 10
B	5, 10	4, 3

〈確率 $\frac{1}{5}$〉	プレイヤー 2	
	L	R
プレイヤー 1　T	3, 1	15, 5
B	10, 5	4, 3

（解答欄）

	プレイヤー 2			
	LL	LR	RL	RR
プレイヤー 1　T				
B				

(7)

〈確率 $\frac{1}{4}$〉 プレイヤー 1	プレイヤー 2	
	L	R
T	8, 0	4, 3
B	1, 3	0, 5

〈確率 $\frac{3}{4}$〉 プレイヤー 1	プレイヤー 2	
	L	R
T	0, 8	8, 3
B	5, 3	4, 1

（解答欄）

_____

プレイヤー 1	プレイヤー 2			
	LL	LR	RL	RR
T				
B				

(8)

〈確率 $\frac{2}{3}$〉 プレイヤー 1	プレイヤー 2	
	L	R
T	6, 3	1, 2
B	4, 4	2, 5

〈確率 $\frac{1}{3}$〉 プレイヤー 1	プレイヤー 2	
	L	R
T	3, 6	4, 5
B	1, 4	5, 8

（解答欄）

_____

プレイヤー 1	プレイヤー 2			
	LL	LR	RL	RR
T				
B				

(9)

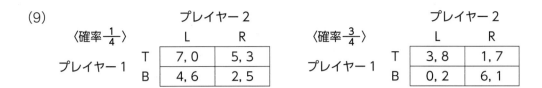

〈確率 $\frac{1}{4}$〉 プレイヤー2

プレイヤー1	L	R
T	7, 0	5, 3
B	4, 6	2, 5

〈確率 $\frac{3}{4}$〉 プレイヤー2

プレイヤー1	L	R
T	3, 8	1, 7
B	0, 2	6, 1

（解答欄）

プレイヤー2

プレイヤー1	LL	LR	RL	RR
T				
B				

(10)

〈確率 $\frac{2}{3}$〉 プレイヤー2

プレイヤー1	L	R
T	3, 6	1, 3
B	6, 0	4, 2

〈確率 $\frac{1}{3}$〉 プレイヤー2

プレイヤー1	L	R
T	9, 0	1, 6
B	0, 3	4, 5

（解答欄）

プレイヤー2

プレイヤー1	LL	LR	RL	RR
T				
B				

問題 B 以下のゲームのどちらをプレイしているのか、プレイヤー 2 には確率的にしかわからないがプレイヤー 1 は知っている。このベイジアンゲームを戦略形ゲームとして表したうえで、ベイジアン・ナッシュ均衡を求めなさい。ただし、プレイヤー 1 の戦略は、左のゲームで選んだ行動と右のゲームで選んだ行動をこの順番に並べている。

(1)

〈確率$\frac{1}{2}$〉 プレイヤー 1	プレイヤー 2 L	R
T	4, 3	2, 5
B	3, 1	6, 2

〈確率$\frac{1}{2}$〉 プレイヤー 1	プレイヤー 2 L	R
T	2, 1	4, 3
B	1, 5	2, 4

（解答欄）

_____

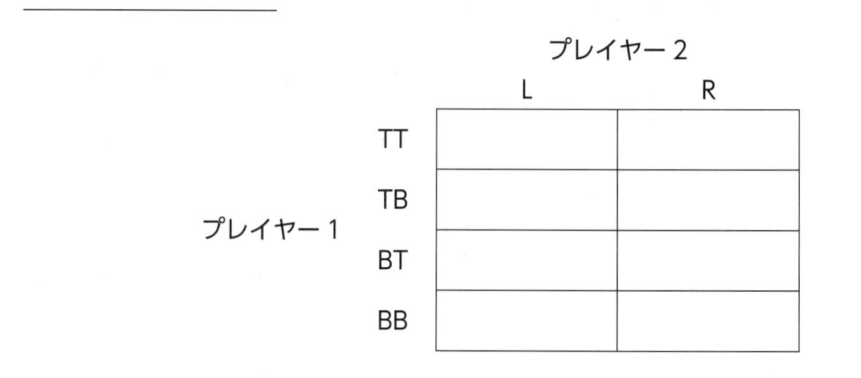

プレイヤー 2

プレイヤー 1	L	R
TT		
TB		
BT		
BB		

(2)

〈確率$\frac{1}{2}$〉 プレイヤー 1	プレイヤー 2 L	R
T	3, 2	1, 6
B	5, 0	3, 4

〈確率$\frac{1}{2}$〉 プレイヤー 1	プレイヤー 2 L	R
T	5, 4	7, 2
B	1, 6	3, 0

（解答欄）

_____

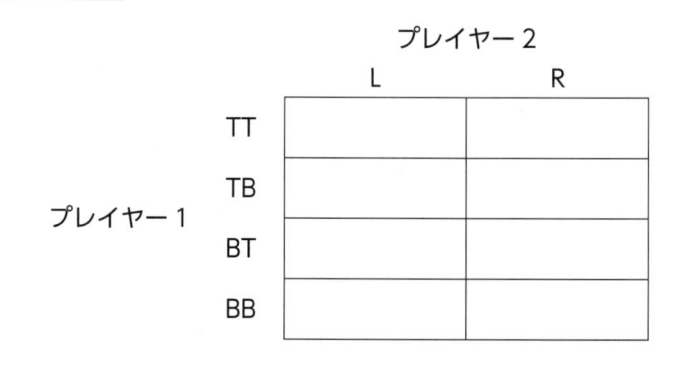

プレイヤー 2

プレイヤー 1	L	R
TT		
TB		
BT		
BB		

(3)

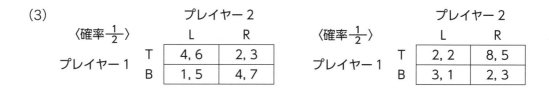

〈確率$\frac{1}{2}$〉 プレイヤー2

プレイヤー1	L	R
T	4, 6	2, 3
B	1, 5	4, 7

〈確率$\frac{1}{2}$〉 プレイヤー2

プレイヤー1	L	R
T	2, 2	8, 5
B	3, 1	2, 3

（解答欄）

_____

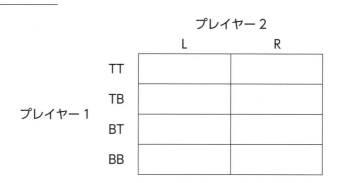

プレイヤー2

プレイヤー1	L	R
TT		
TB		
BT		
BB		

(4)

〈確率$\frac{1}{2}$〉 プレイヤー2

プレイヤー1	L	R
T	1, 2	5, 1
B	3, 4	4, 0

〈確率$\frac{1}{2}$〉 プレイヤー2

プレイヤー1	L	R
T	3, 4	1, 3
B	5, 2	2, 6

（解答欄）

_____

プレイヤー2

プレイヤー1	L	R
TT		
TB		
BT		
BB		

(5)

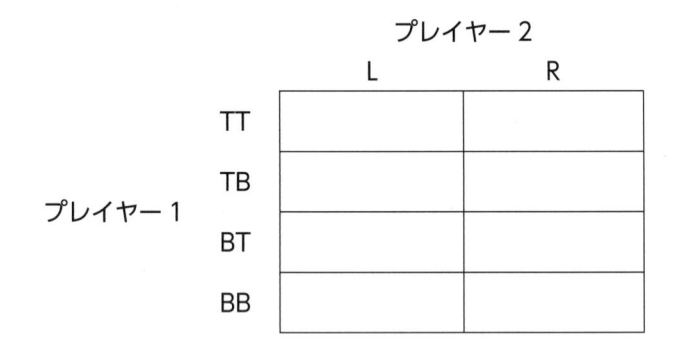

〈確率 $\frac{1}{3}$〉

プレイヤー2

プレイヤー1	L	R
T	3, 1	8, 4
B	1, 7	0, 5

〈確率 $\frac{2}{3}$〉

プレイヤー2

プレイヤー1	L	R
T	0, 4	2, 1
B	7, 1	6, 5

（解答欄）

_____

プレイヤー2

プレイヤー1	L	R
TT		
TB		
BT		
BB		

(6)

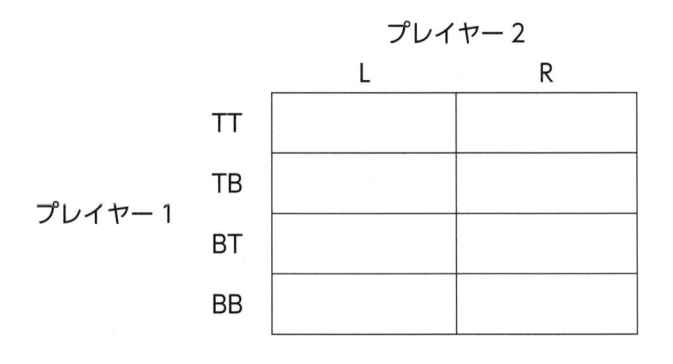

〈確率 $\frac{4}{5}$〉

プレイヤー2

プレイヤー1	L	R
T	3, 1	0, 10
B	5, 10	4, 3

〈確率 $\frac{1}{5}$〉

プレイヤー2

プレイヤー1	L	R
T	3, 1	15, 5
B	10, 5	4, 3

（解答欄）

_____

プレイヤー2

プレイヤー1	L	R
TT		
TB		
BT		
BB		

(7)

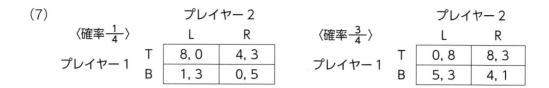

〈確率 $\frac{1}{4}$〉 プレイヤー 2	L	R
T	8, 0	4, 3
B	1, 3	0, 5

〈確率 $\frac{3}{4}$〉 プレイヤー 2	L	R
T	0, 8	8, 3
B	5, 3	4, 1

（解答欄）

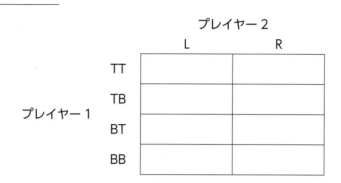

プレイヤー 2

プレイヤー 1	L	R
TT		
TB		
BT		
BB		

(8)

〈確率 $\frac{2}{3}$〉 プレイヤー 2	L	R
T	6, 3	1, 2
B	4, 4	2, 5

〈確率 $\frac{1}{3}$〉 プレイヤー 2	L	R
T	3, 6	4, 5
B	1, 4	5, 8

（解答欄）

プレイヤー 2

プレイヤー 1	L	R
TT		
TB		
BT		
BB		

(9)

		プレイヤー2	
〈確率$\frac{1}{4}$〉		L	R
プレイヤー1	T	7, 0	5, 3
	B	4, 6	2, 5

		プレイヤー2	
〈確率$\frac{3}{4}$〉		L	R
プレイヤー1	T	3, 8	1, 7
	B	0, 2	6, 1

（解答欄）

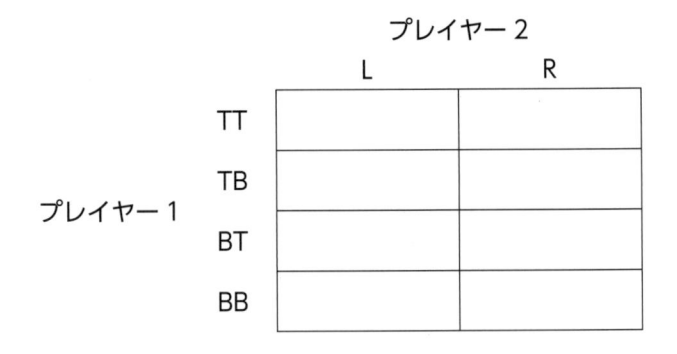

		プレイヤー2	
		L	R
	TT		
プレイヤー1	TB		
	BT		
	BB		

(10)

		プレイヤー2	
〈確率$\frac{2}{3}$〉		L	R
プレイヤー1	T	3, 6	1, 3
	B	6, 0	4, 2

		プレイヤー2	
〈確率$\frac{1}{3}$〉		L	R
プレイヤー1	T	9, 0	1, 6
	B	0, 3	4, 5

（解答欄）

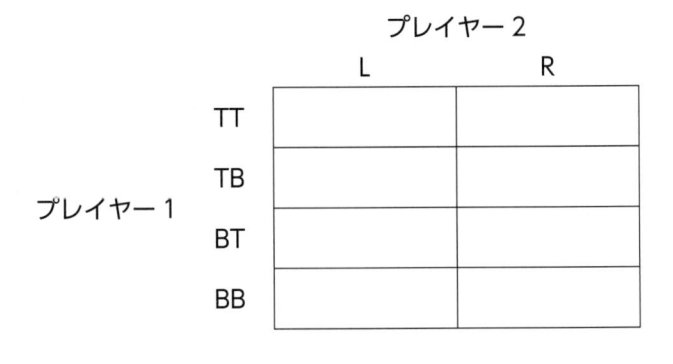

		プレイヤー2	
		L	R
	TT		
プレイヤー1	TB		
	BT		
	BB		

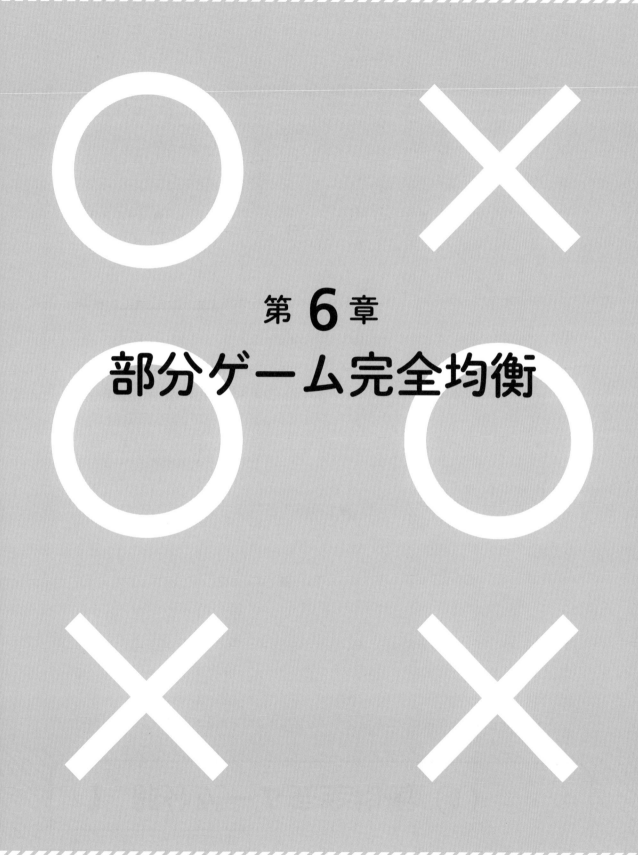

第6章
部分ゲーム完全均衡

1 部分ゲーム完全均衡（1）

例題 次のゲームの木で表された展開形ゲームの部分ゲーム完全均衡を求めなさい。

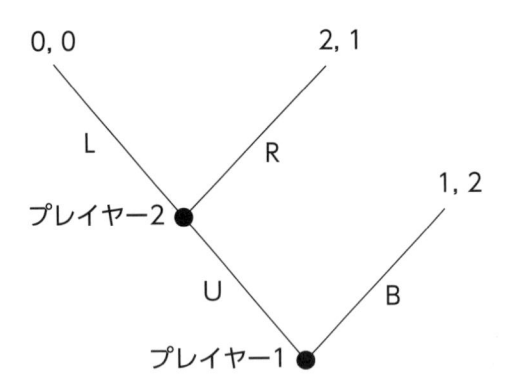

答え

部分ゲーム完全均衡は（U, R）。

|||||| 解き方 ||||||||||||||||||||||||||||||||||||||||||||||||||||||||||||||||||||||||||

ステップ1 ゲームの木の天井側にいるプレイヤー2の利得（右側の数値）を比べ、利得の大きい方の枝に矢印を付ける。

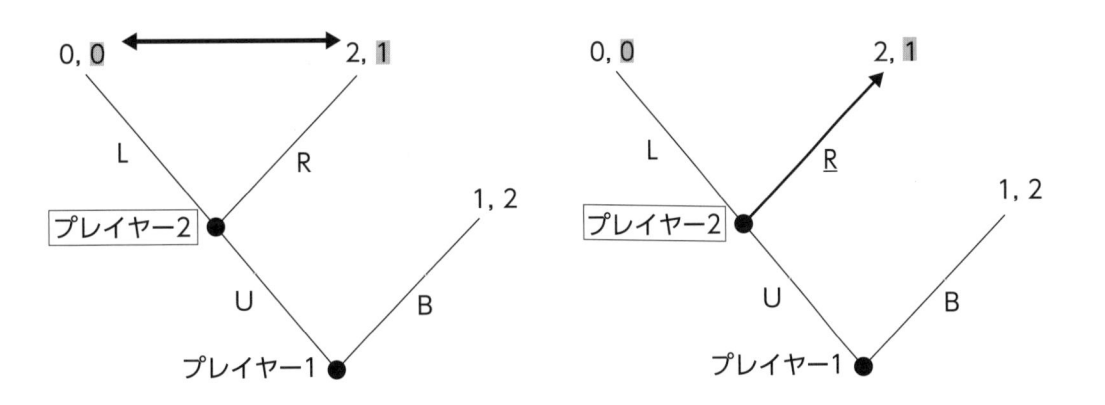

ステップ2 ゲームの木の根元側にいるプレイヤー1の利得（左側の数値）を比べ、利得の大きい方の枝に矢印を付ける。プレイヤー1が「U」を選んだ場合、すでに書き込んだ矢印にしたがって左から2番目の終点に行き着くことに注意する。

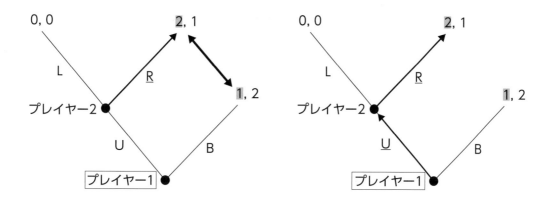

ステップ3 矢印を書き込んだ戦略（選択肢）の組が部分ゲーム完全均衡である。

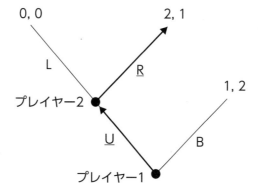

問題 A 次のゲームの木で表された展開形ゲームの部分ゲーム完全均衡を求めなさい。

(1)

(2)

(3)

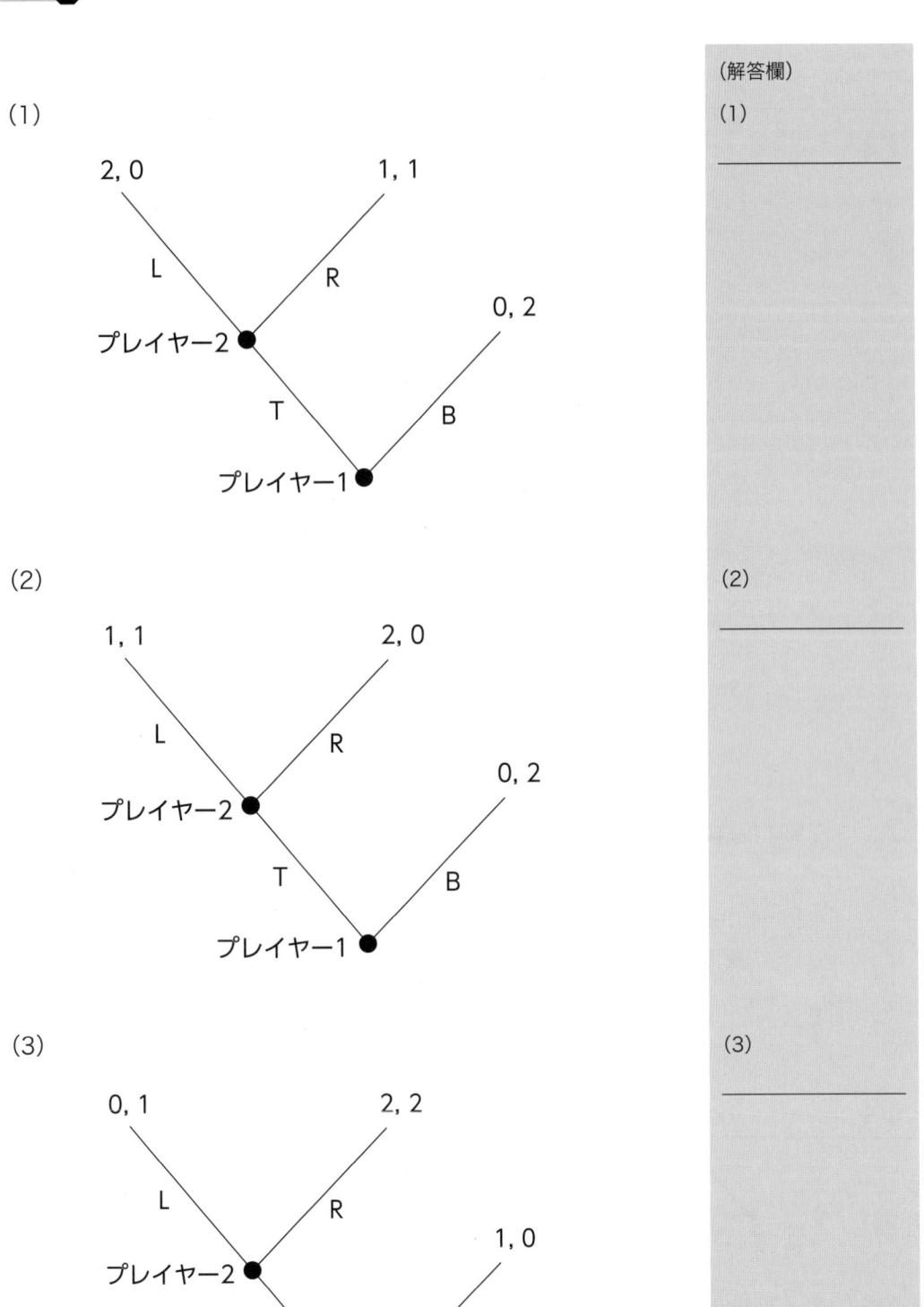

（解答欄）

(1)

_____

(2)

_____

(3)

_____

(4)

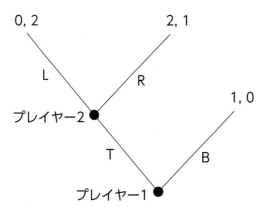

(4)
_____

(5)

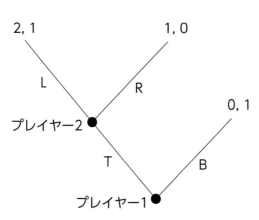

(5)
_____

(6)

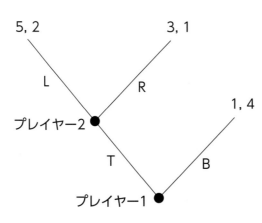

(6)
_____

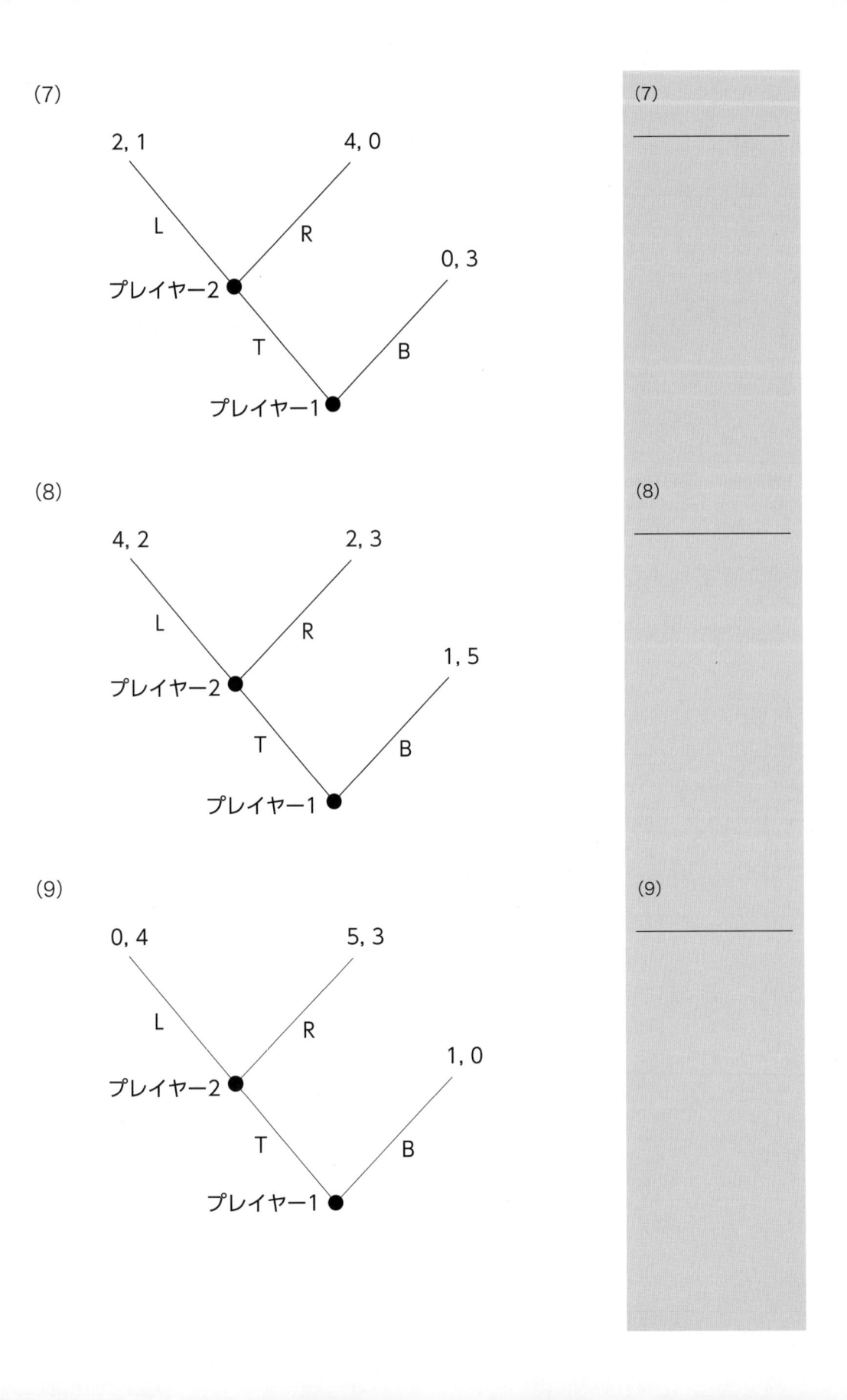

(7)

2, 1   4, 0

L   R

0, 3

プレイヤー2

T   B

プレイヤー1

(8)

4, 2   2, 3

L   R

1, 5

プレイヤー2

T   B

プレイヤー1

(9)

0, 4   5, 3

L   R

1, 0

プレイヤー2

T   B

プレイヤー1

(7)

(8)

(9)

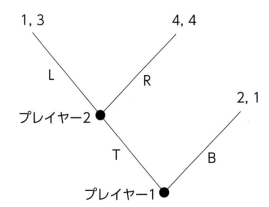

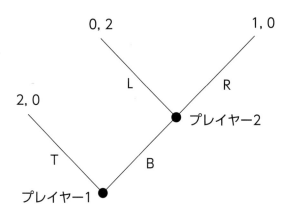

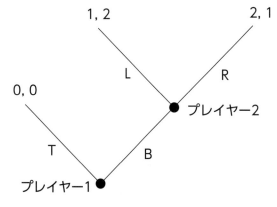

(10)
_____

(11)
_____

(12)
_____

128

(13)

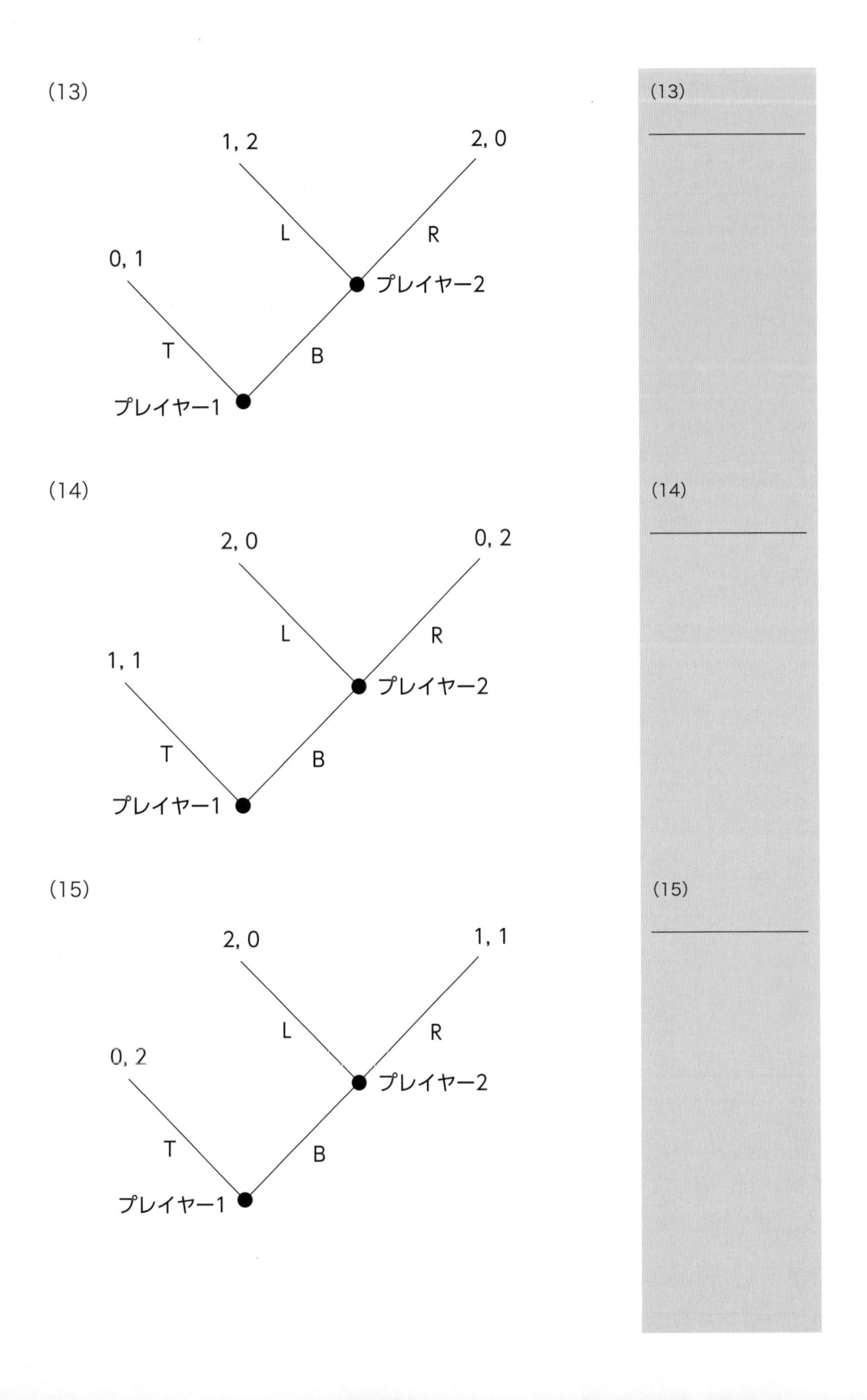

1, 2   2, 0

L   R

0, 1

　　プレイヤー2

T   B

プレイヤー1

(13)
_____

(14)

2, 0   0, 2

L   R

1, 1

　　プレイヤー2

T   B

プレイヤー1

(14)
_____

(15)

2, 0   1, 1

L   R

0, 2

　　プレイヤー2

T   B

プレイヤー1

(15)
_____

(16)

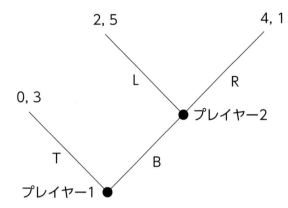

(16)

_____

(17)

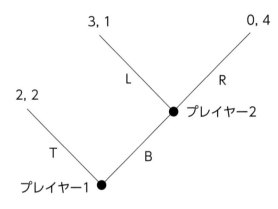

(17)

_____

(18)

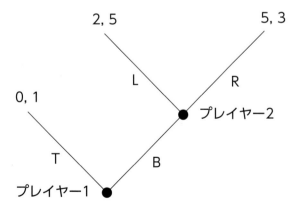

(18)

_____

(19)

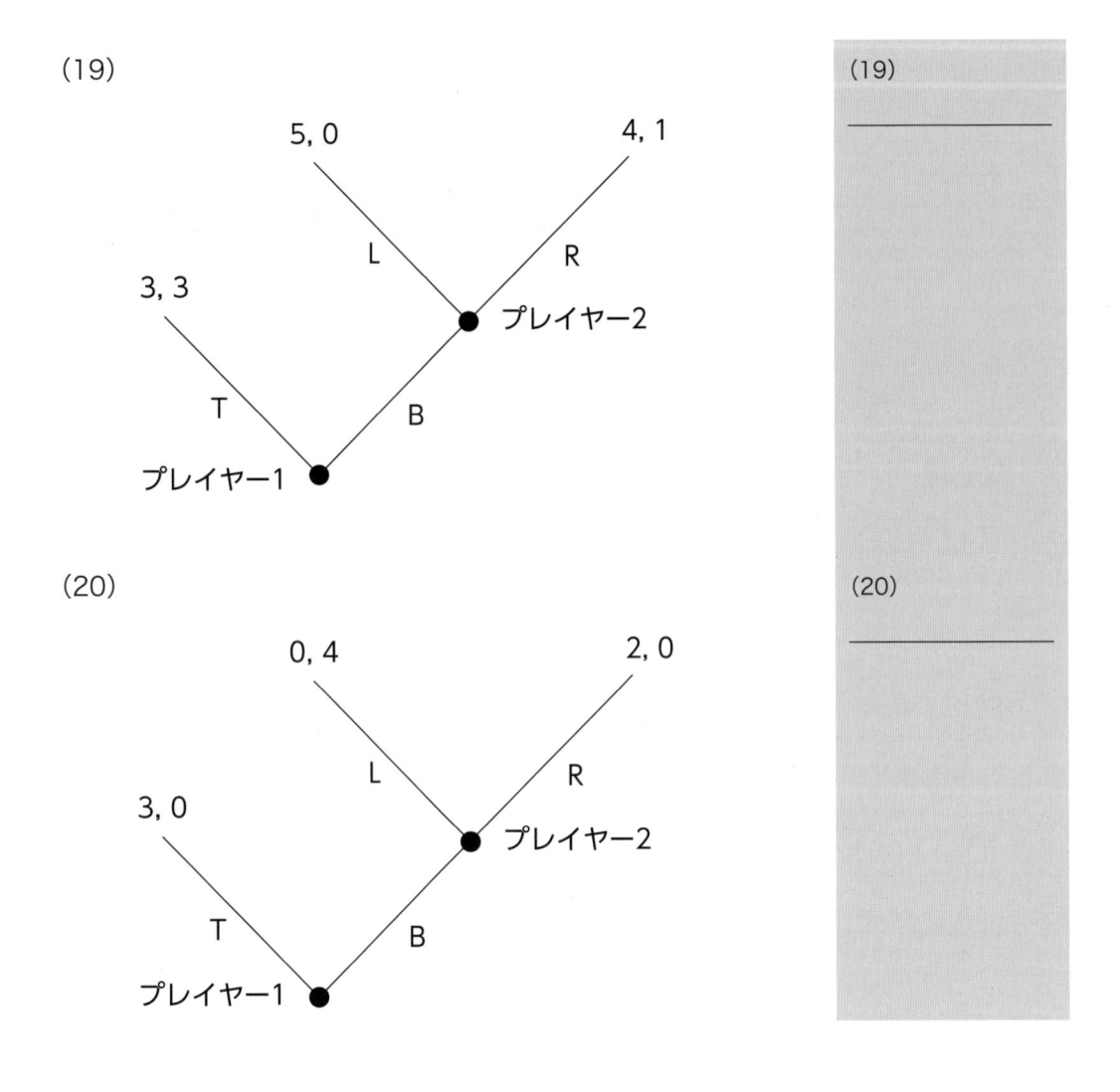

(20)

(19)
_____

(20)
_____

問題 **B** 次のゲームの木で表された展開形ゲームについて、（T, L）のみが部分ゲーム完全均衡となるように、0 〜 3 の整数を空欄に入れなさい。ただしあてはまる数値が 1 つとは限らない。

（解答欄）

(1)

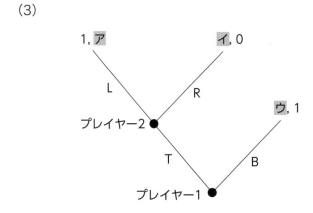

(1)

ア＿＿＿＿＿＿＿＿

イ＿＿＿＿＿＿＿＿

(2)

(2)

ア＿＿＿＿＿＿＿＿

イ＿＿＿＿＿＿＿＿

ウ＿＿＿＿＿＿＿＿

(3)

(3)

ア＿＿＿＿＿＿＿＿

イ＿＿＿＿＿＿＿＿

ウ＿＿＿＿＿＿＿＿

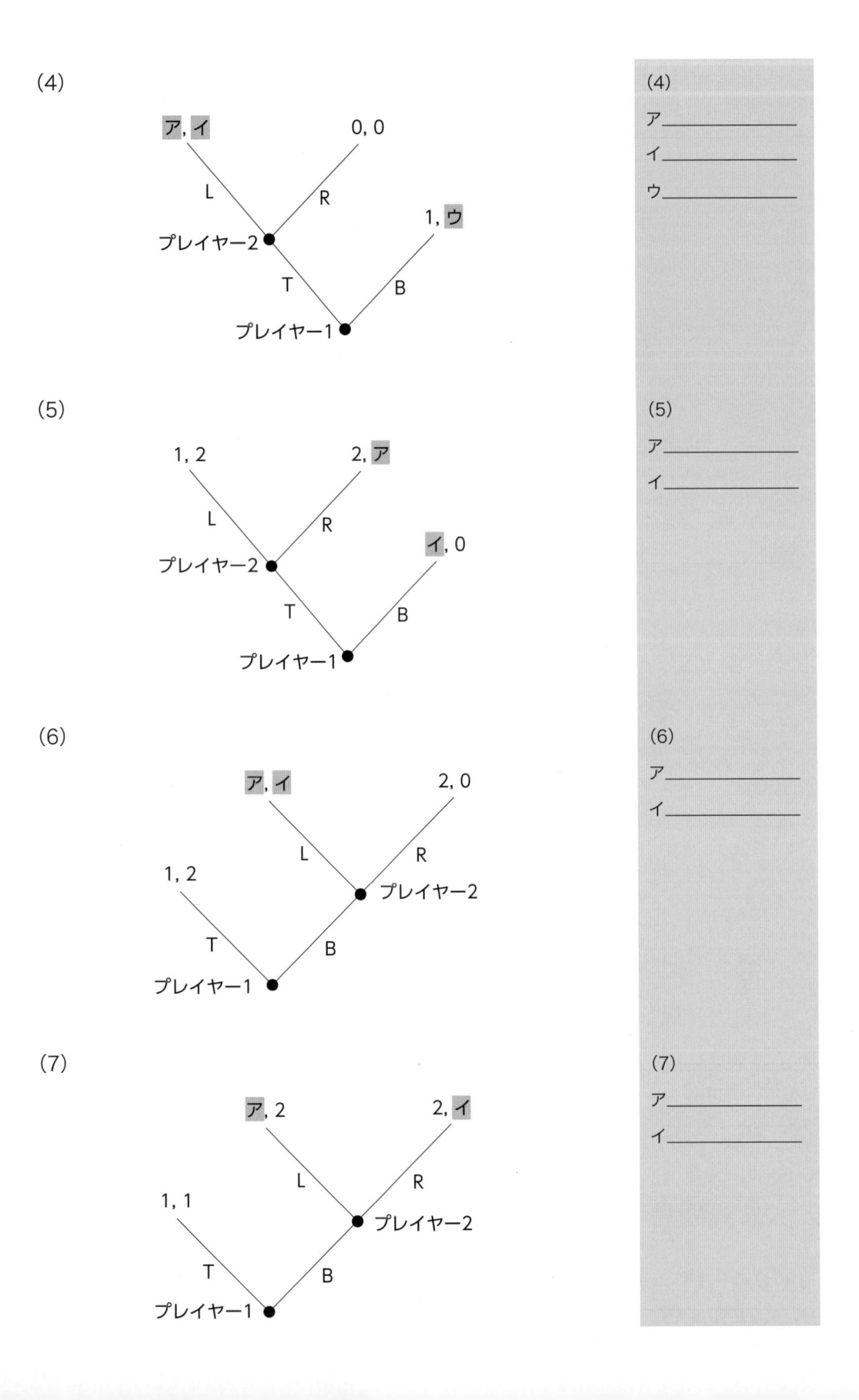

(4)

ア, イ   0, 0

L   R

1, ウ

プレイヤー2

T   B

プレイヤー1

(4)

ア＿＿＿＿＿＿

イ＿＿＿＿＿＿

ウ＿＿＿＿＿＿

(5)

1, 2   2, ア

L   R

イ, 0

プレイヤー2

T   B

プレイヤー1

(5)

ア＿＿＿＿＿＿

イ＿＿＿＿＿＿

(6)

ア, イ   2, 0

L   R

1, 2   プレイヤー2

T   B

プレイヤー1

(6)

ア＿＿＿＿＿＿

イ＿＿＿＿＿＿

(7)

ア, 2   2, イ

L   R

1, 1   プレイヤー2

T   B

プレイヤー1

(7)

ア＿＿＿＿＿＿

イ＿＿＿＿＿＿

(8)

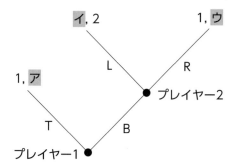

(9)

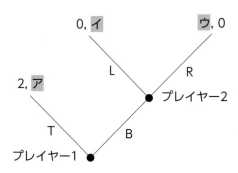

(10)

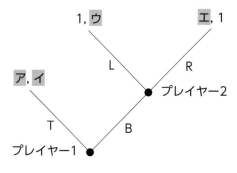

(8)

ア＿＿＿＿＿＿＿

イ＿＿＿＿＿＿＿

ウ＿＿＿＿＿＿＿

(9)

ア＿＿＿＿＿＿＿

イ＿＿＿＿＿＿＿

ウ＿＿＿＿＿＿＿

(10)

ア＿＿＿＿＿＿＿

イ＿＿＿＿＿＿＿

ウ＿＿＿＿＿＿＿

エ＿＿＿＿＿＿＿

2 部分ゲーム完全均衡（2）

例題 次のゲームの木で表された展開形ゲームの部分ゲーム完全均衡を求めなさい。

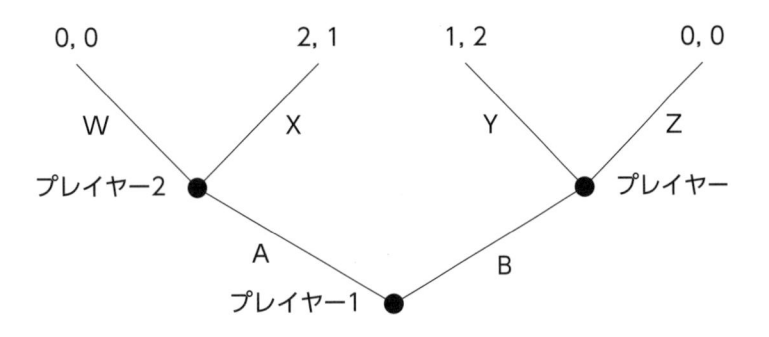

答え

部分ゲーム完全均衡は（A, XY）。

|||||| 解き方 ||||||||||||||||||||||||||||||||||||||||||||||||||||||||||||

ステップ1 左側の部分ゲームでプレイヤー 2 の利得（右側の数値）を比べ、利得の大きい方の枝に矢印を付ける。

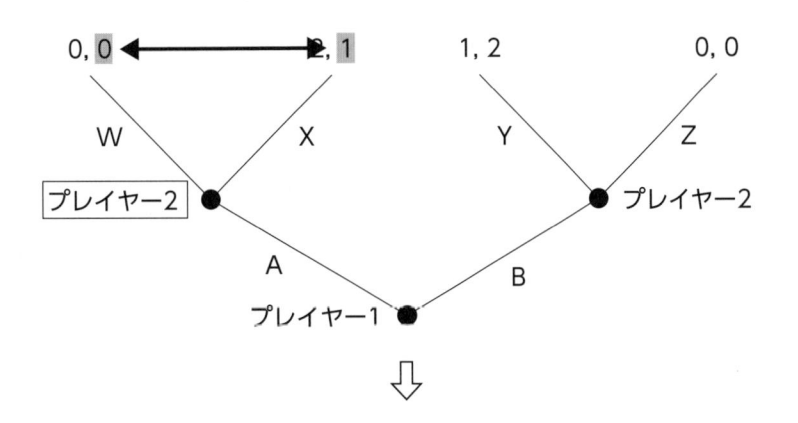

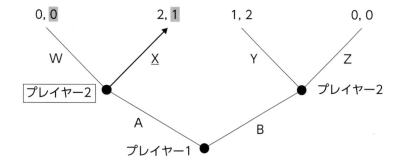

ステップ2 右側の部分ゲームでプレイヤー2の利得（右側の数値）を比べ、利得の大きい方の枝に矢印を付ける。

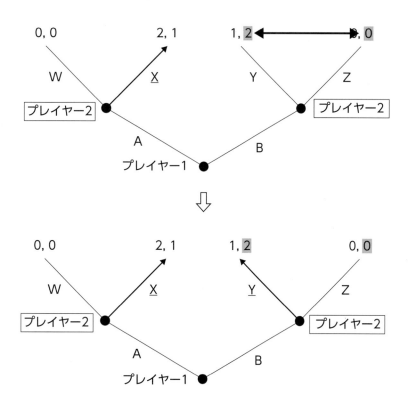

ステップ3 ゲームの木の根元側にいるプレイヤー1の利得（左側の数値）を比べ、利得の大きい方の枝に矢印を付ける。この時、プレイヤー1が「A」「B」を選んだ場合、すでに書き込んだ矢印にしたがって左から2番目と3番目の終点にそれぞれ行き着くことに注意する。

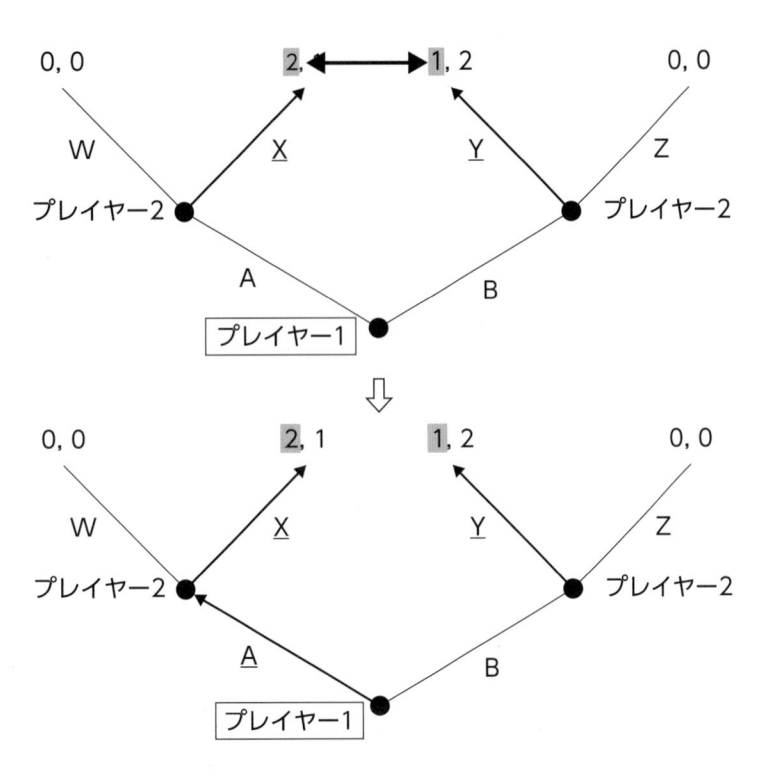

ステップ4 矢印を書き込んだ戦略（選択肢）の組が部分ゲーム完全均衡である。プレイヤー2の戦略は「X」ではなく「XY」である点に注意すること。

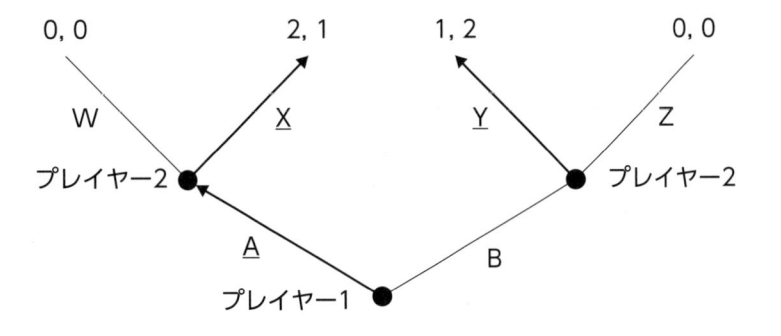

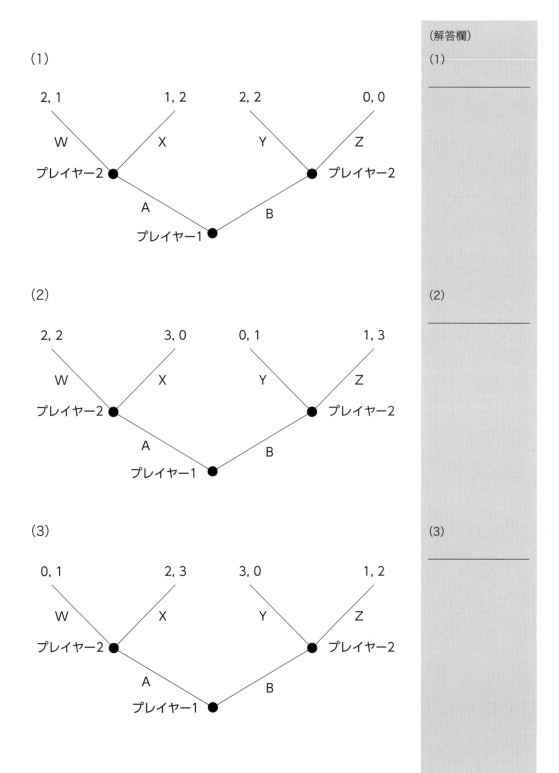

(解答欄)

(1)

(2)

(3)

(4)

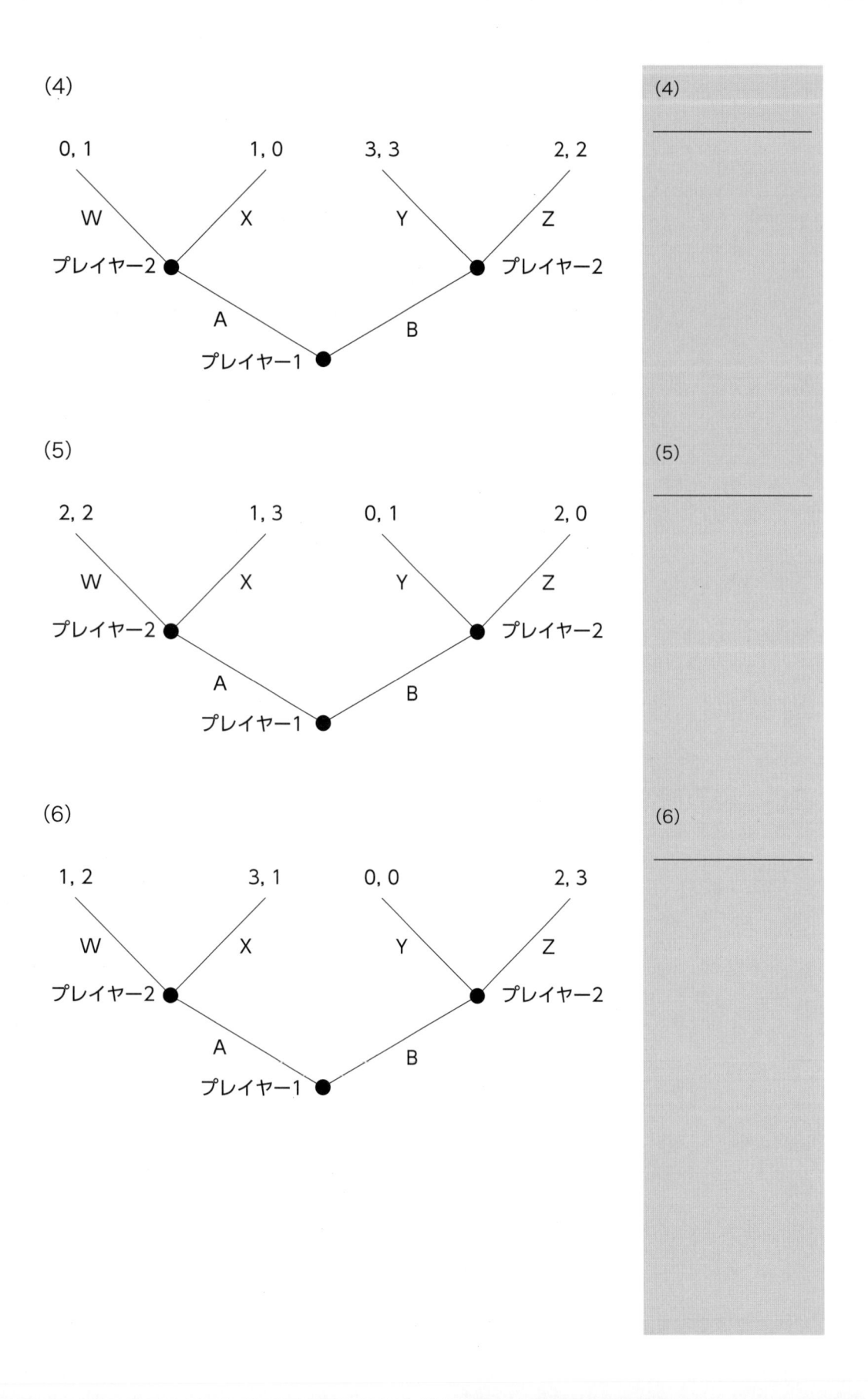

0, 1   1, 0   3, 3   2, 2

W   X   Y   Z

プレイヤー2   プレイヤー2

A   B

プレイヤー1

(5)

2, 2   1, 3   0, 1   2, 0

W   X   Y   Z

プレイヤー2   プレイヤー2

A   B

プレイヤー1

(6)

1, 2   3, 1   0, 0   2, 3

W   X   Y   Z

プレイヤー2   プレイヤー2

A   B

プレイヤー1

(4)

_____

(5)

_____

(6)

_____

(7)

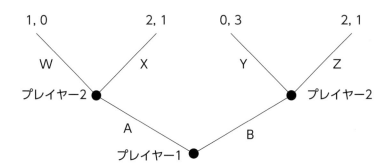

(7)
_____

(8)

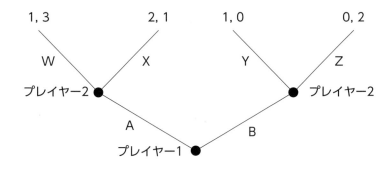

(8)
_____

(9)

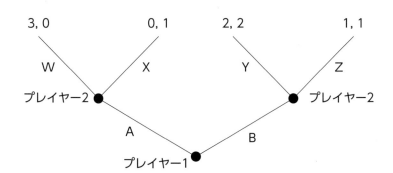

(9)
_____

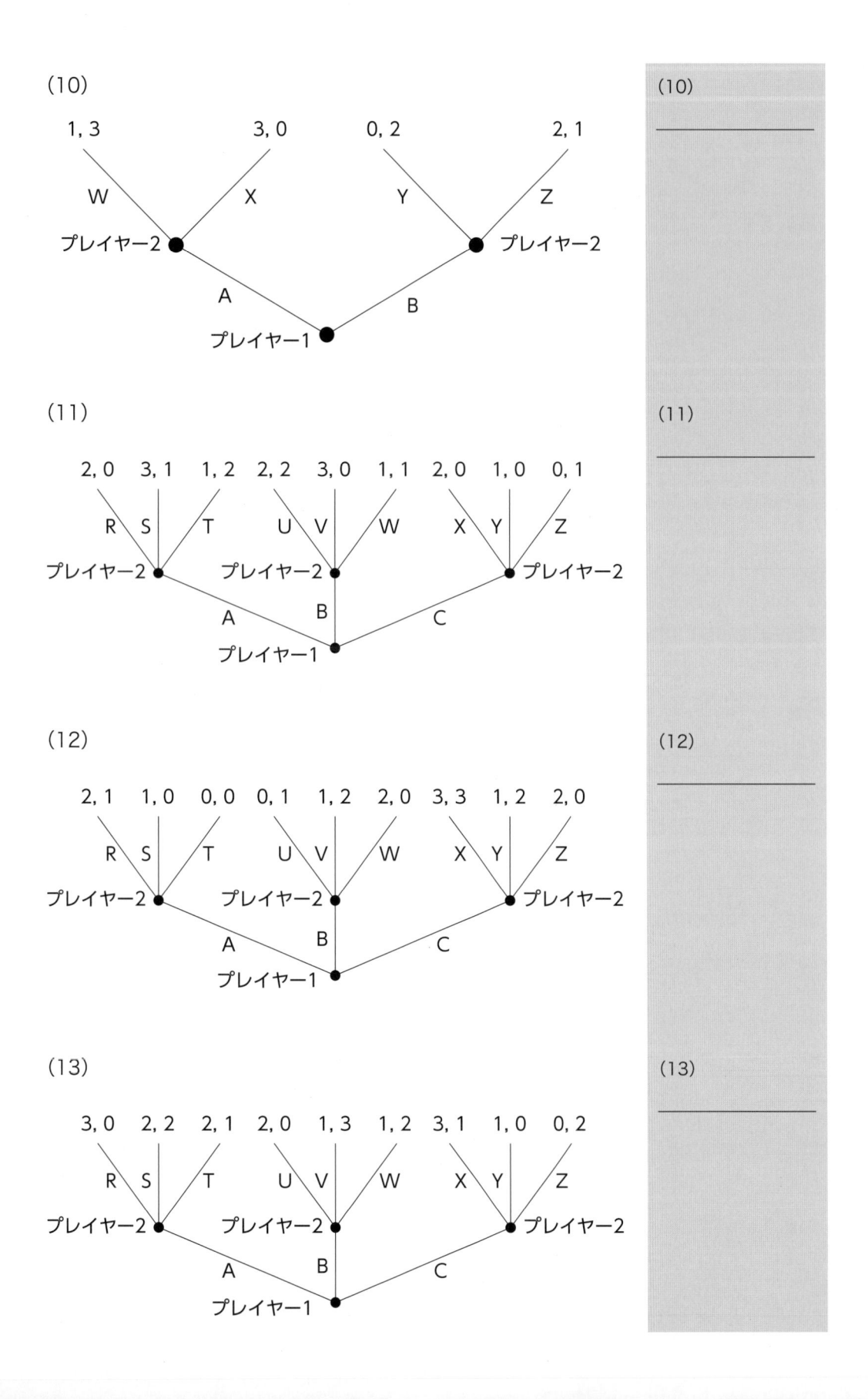

(10)

(11)

(12)

(13)

(14)

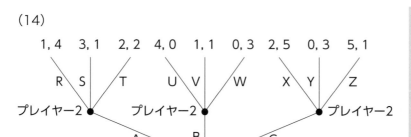

(14)

(15)

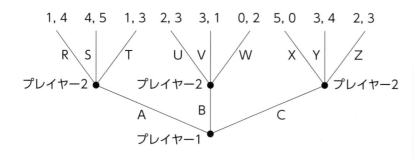

(15)

(16)

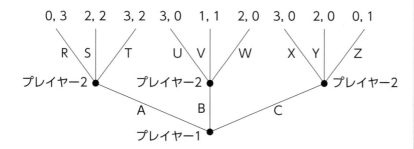

(16)

(17)

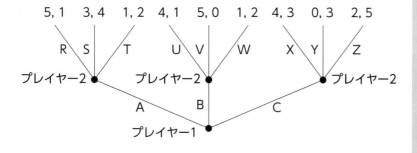

(17)

(18)

(18)

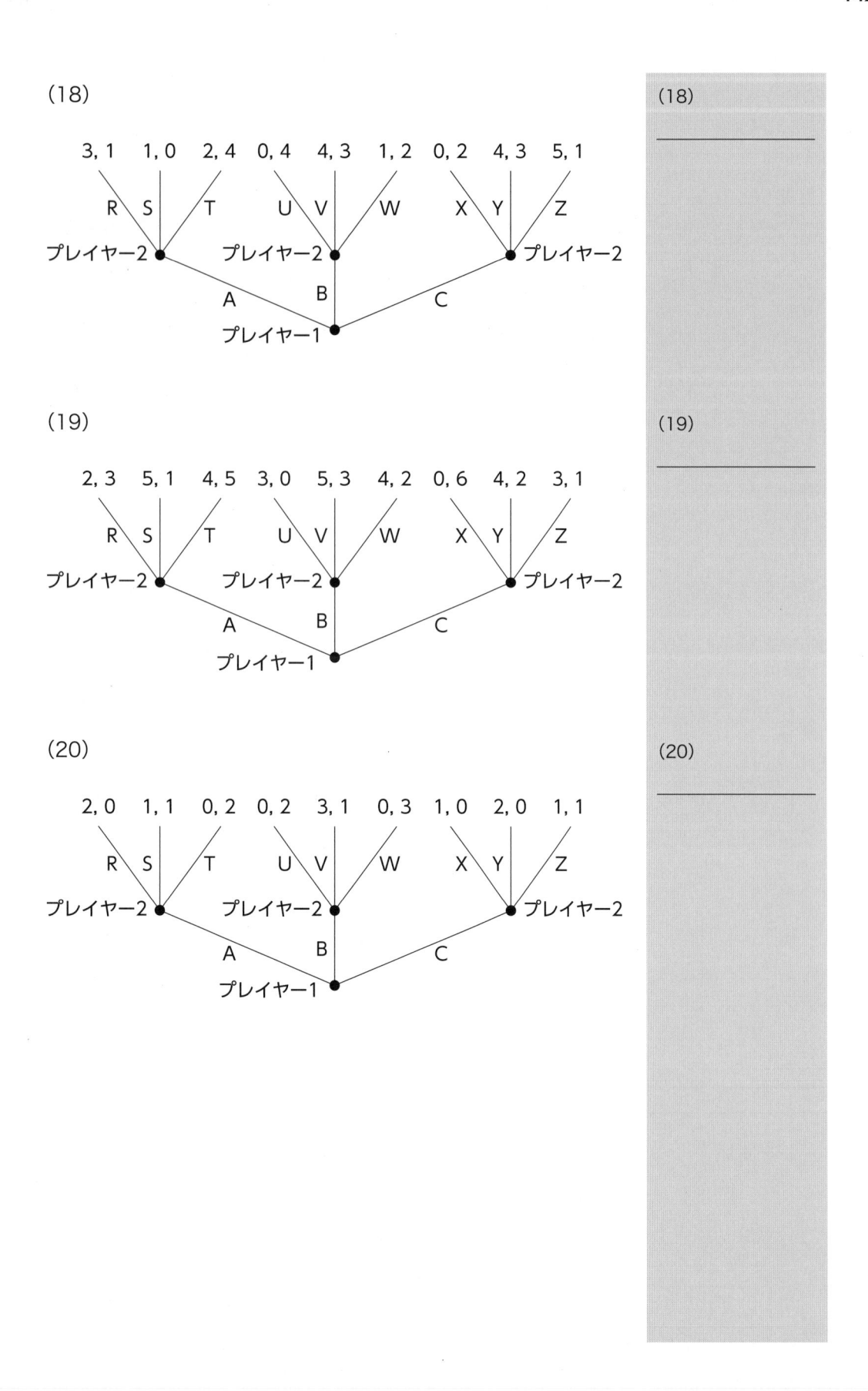

(19)

(19)

(20)

(20)

(21)

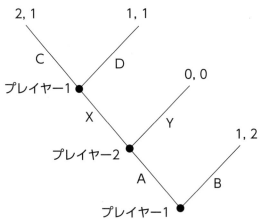

(21)
_____

(22)

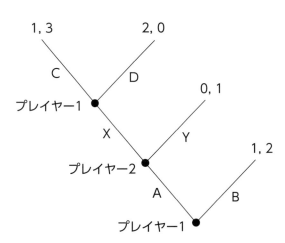

(22)
_____

(23)

2, 1 · · · · C · プレイヤー1 · 1, 1 · · · D

1, 1 · · · · C · プレイヤー1 · 0, 2 · · · D · X · プレイヤー2 · 3, 0 · · · Y · A · プレイヤー1 · 2, 0 · · · B

(23)
_____

(24)

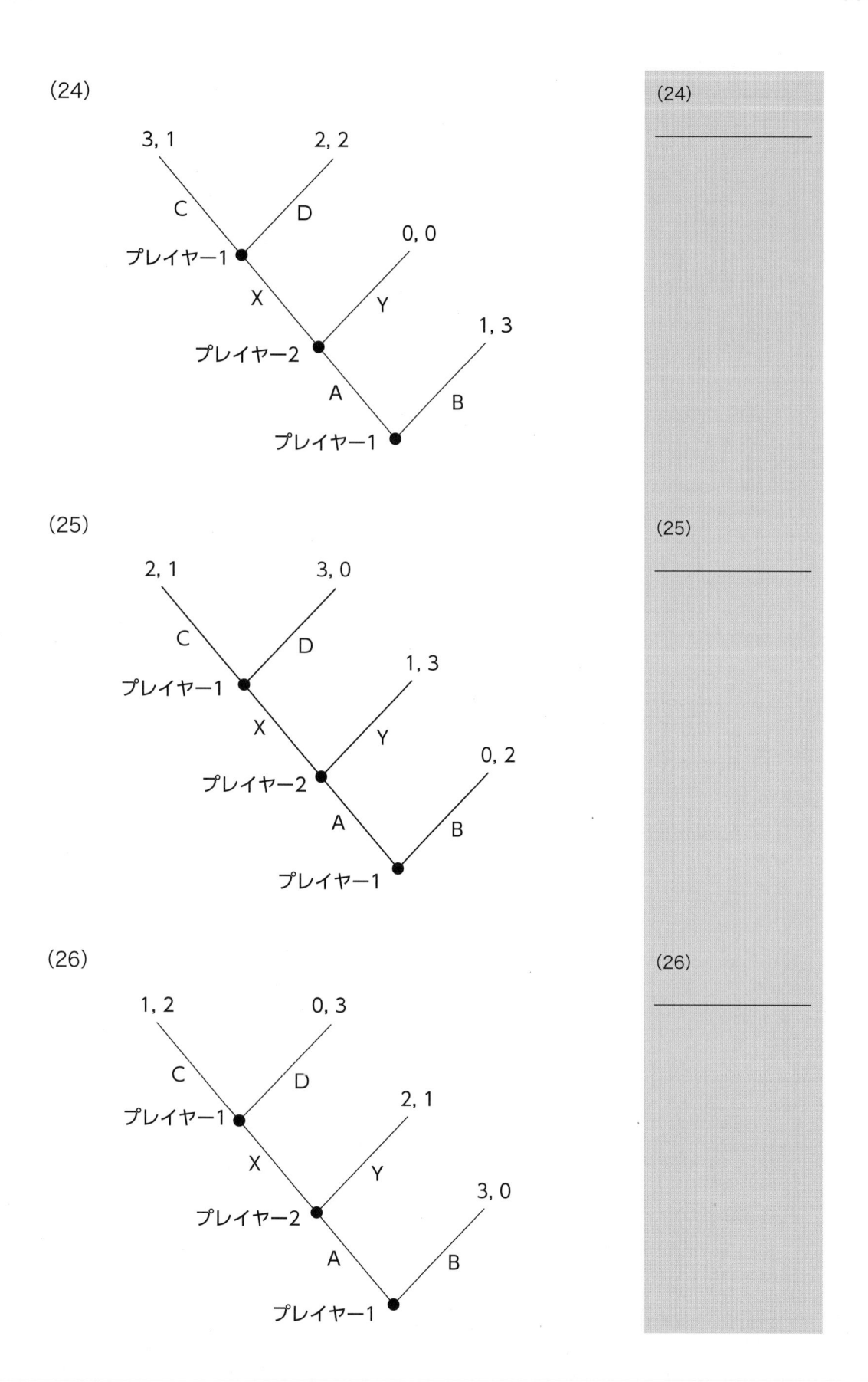

3, 1   2, 2

C   D

プレイヤー1   0, 0

X   Y

プレイヤー2   1, 3

A   B

プレイヤー1

(25)

2, 1   3, 0

C   D

プレイヤー1   1, 3

X   Y

プレイヤー2   0, 2

A   B

プレイヤー1

(26)

1, 2   0, 3

C   D

プレイヤー1   2, 1

X   Y

プレイヤー2   3, 0

A   B

プレイヤー1

(24)
_____

(25)
_____

(26)
_____

(27)

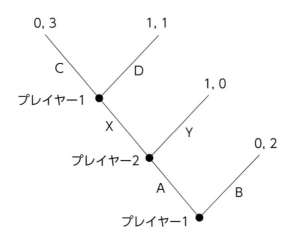

(28)

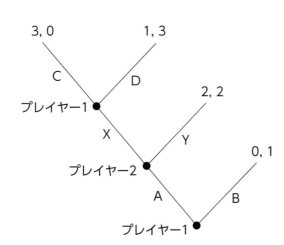

(29)

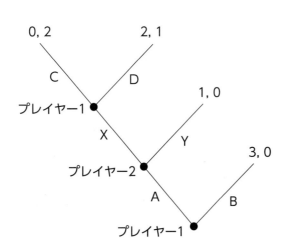

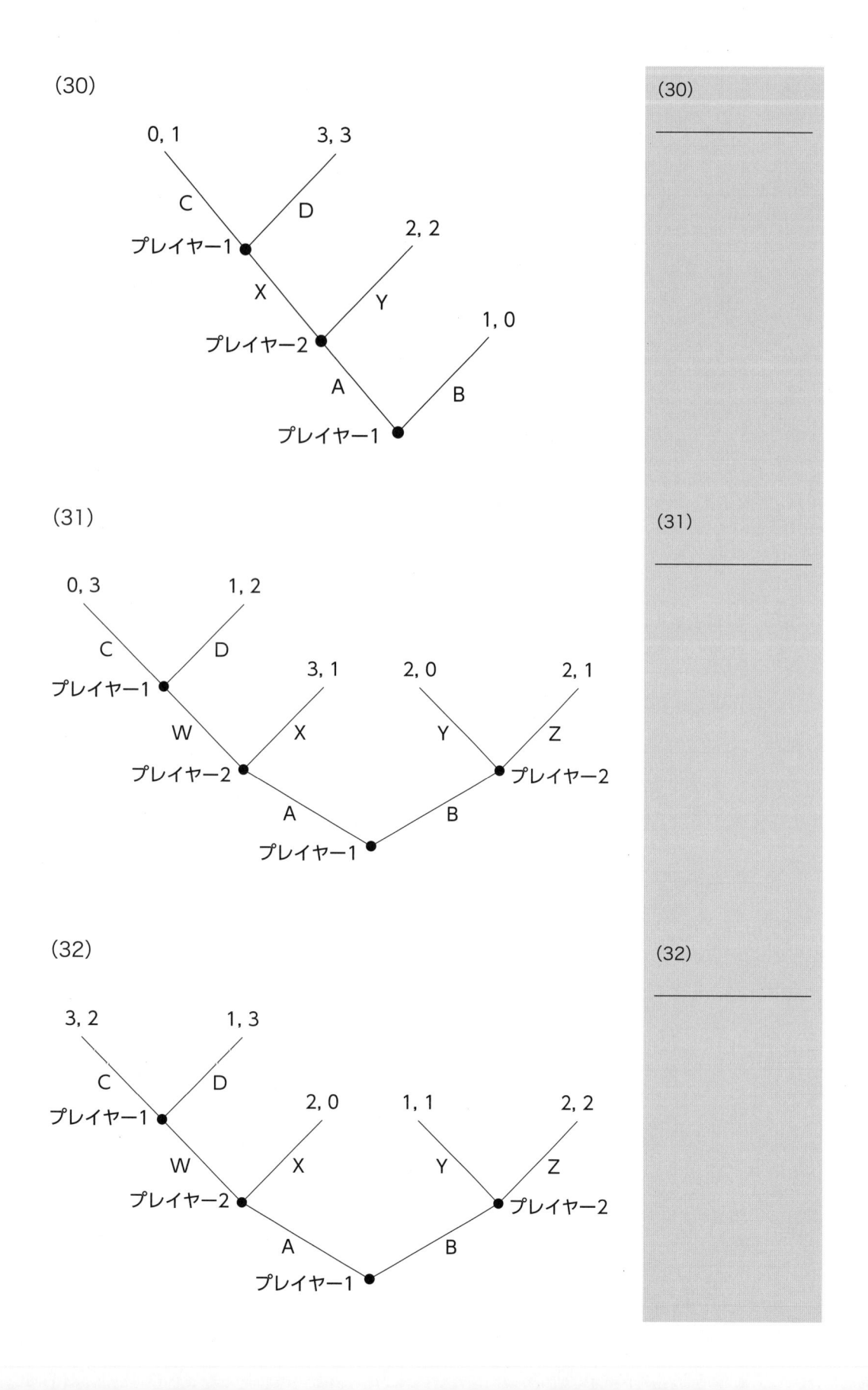

(30)

(31)

(32)

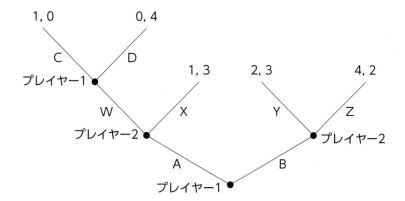

(33)

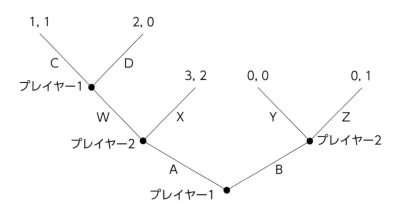

(34)

(35)

2, 0   0, 2

C   D

プレイヤー1   1, 1   4, 1   3, 2

W   X   Y   Z

プレイヤー2   プレイヤー2

A   B

プレイヤー1

(36)

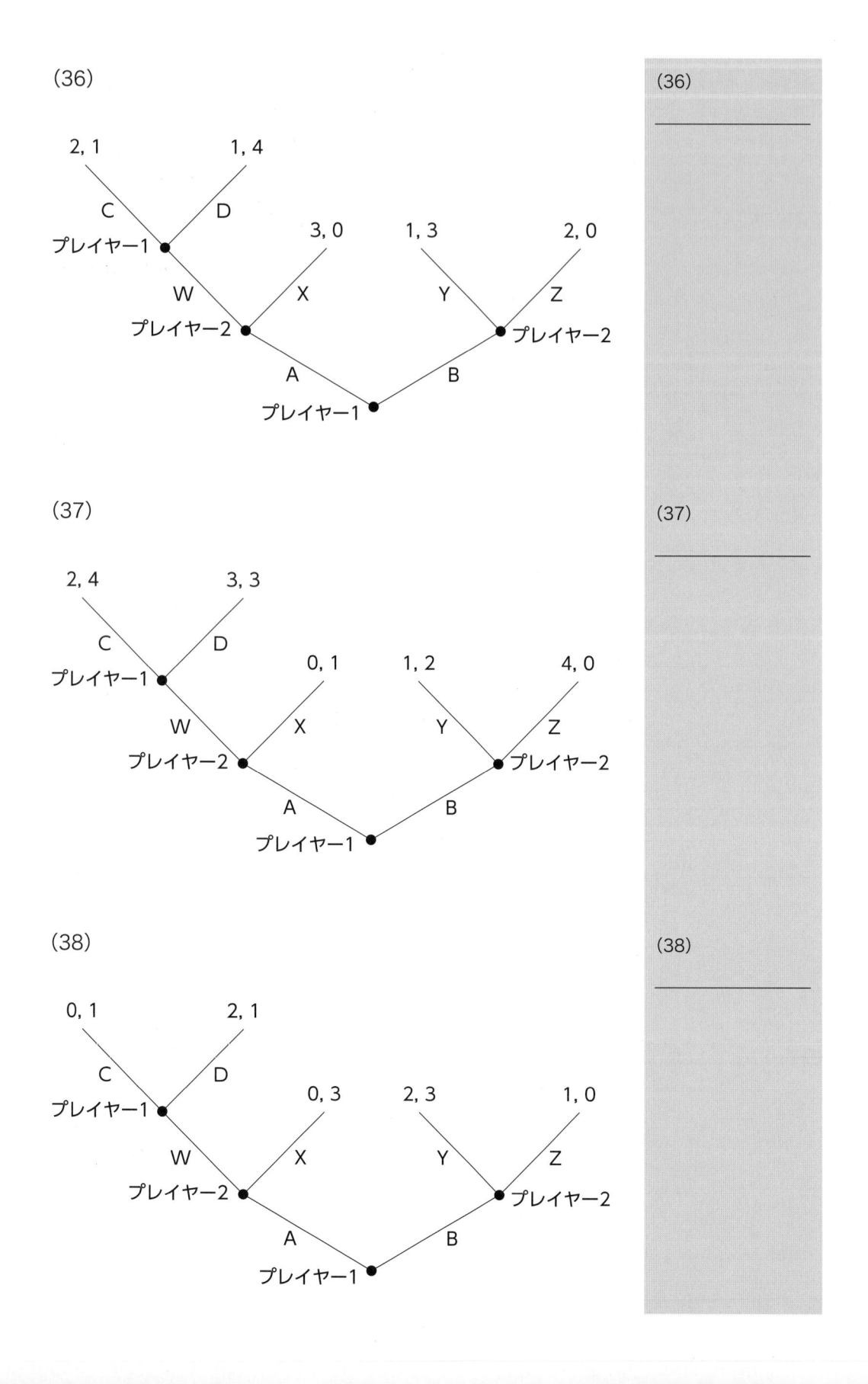

(37)

(38)

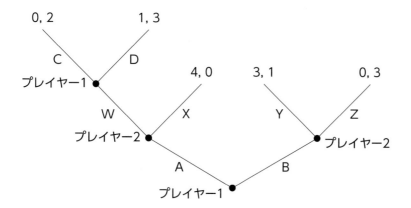

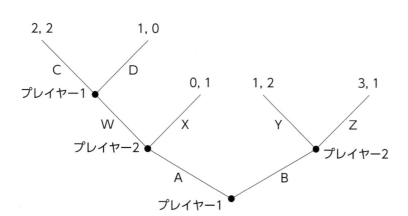

問題 B 次のゲームの木で表された展開形ゲームについて、（A, WY）のみが部分ゲーム完全均衡となるように、0〜3の整数を空欄に入れなさい。ただしあてはまる数値が1つとは限らない。

(1)

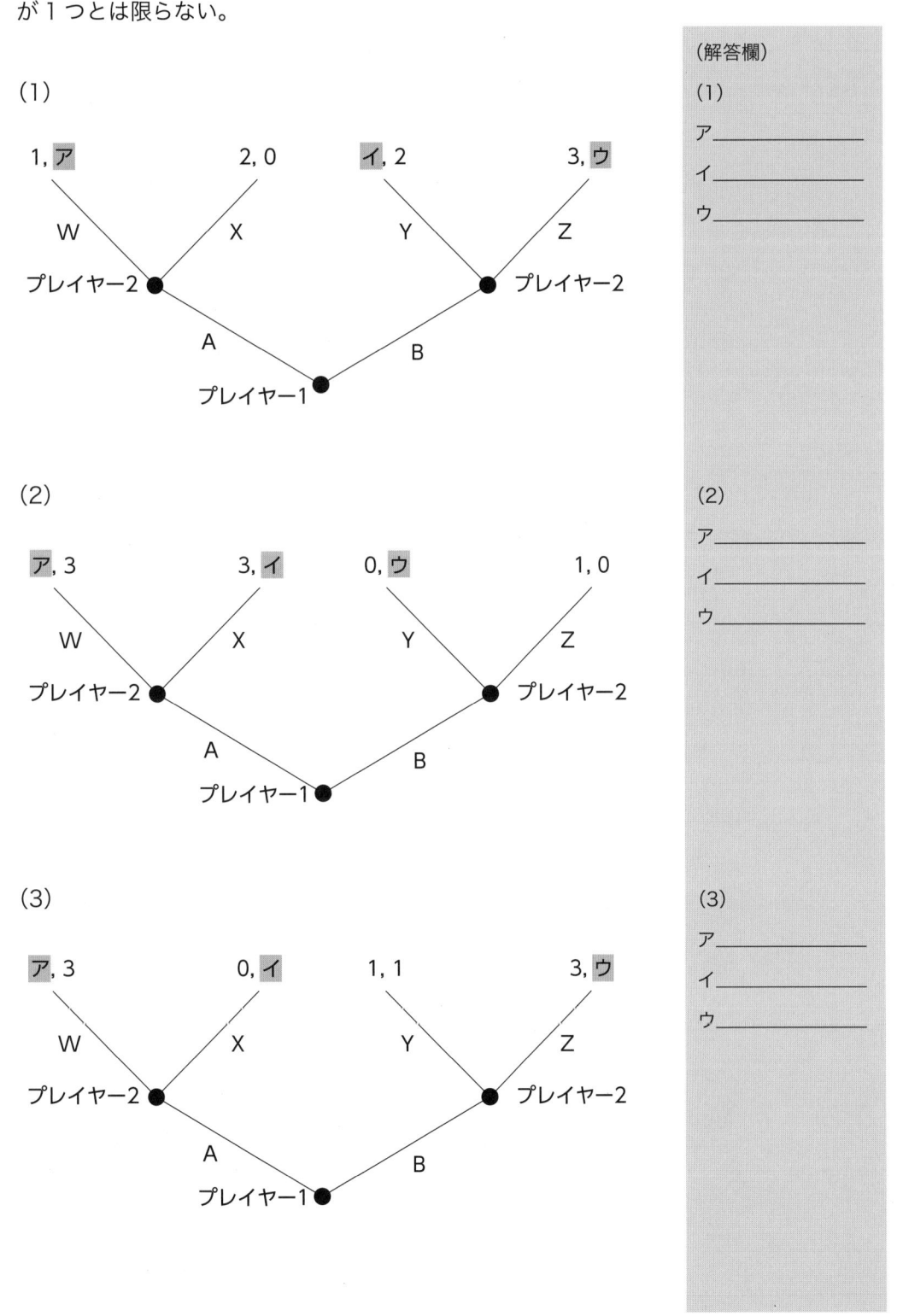

（解答欄）

(1)

ア＿＿＿＿＿＿

イ＿＿＿＿＿＿

ウ＿＿＿＿＿＿

(2)

ア＿＿＿＿＿＿

イ＿＿＿＿＿＿

ウ＿＿＿＿＿＿

(3)

ア＿＿＿＿＿＿

イ＿＿＿＿＿＿

ウ＿＿＿＿＿＿

(4)

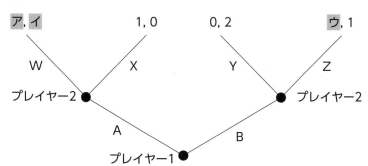

(4)

ア＿＿＿＿＿＿＿＿

イ＿＿＿＿＿＿＿＿

ウ＿＿＿＿＿＿＿＿

(5)

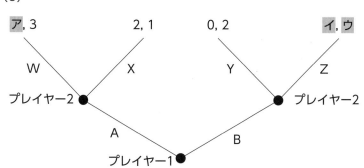

(5)

ア＿＿＿＿＿＿＿＿

イ＿＿＿＿＿＿＿＿

ウ＿＿＿＿＿＿＿＿

(6)

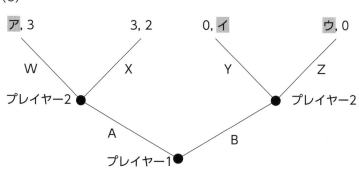

(6)

ア＿＿＿＿＿＿＿＿

イ＿＿＿＿＿＿＿＿

ウ＿＿＿＿＿＿＿＿

(7)

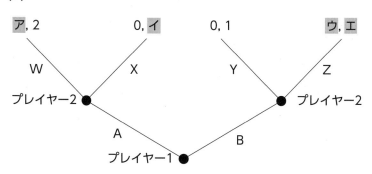

(7)

ア＿＿＿＿＿＿＿＿

イ＿＿＿＿＿＿＿＿

ウ＿＿＿＿＿＿＿＿

エ＿＿＿＿＿＿＿＿

(8)

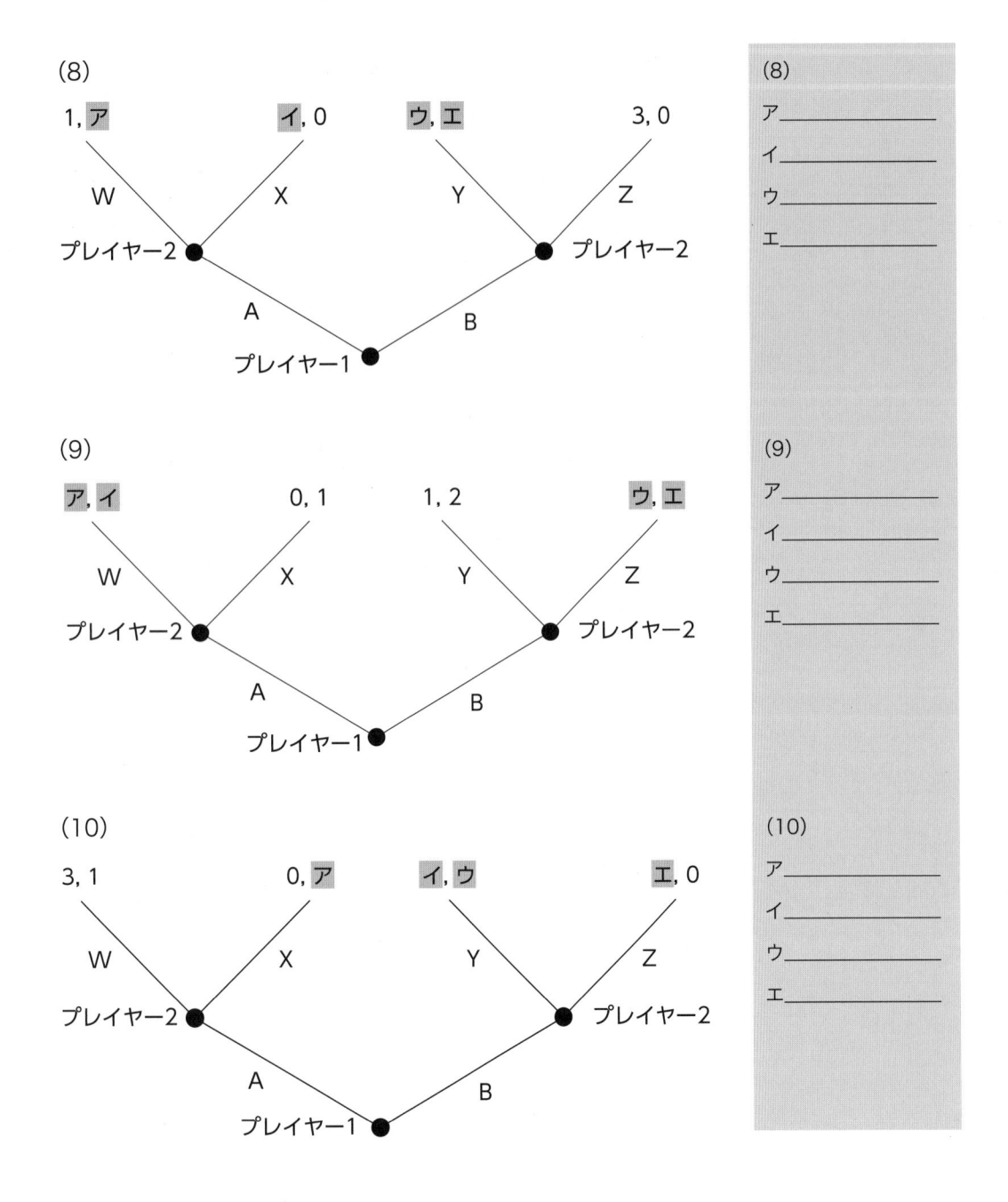

1, ア   イ, 0   ウ, エ   3, 0

W   X   Y   Z

プレイヤー2 ●   ● プレイヤー2

     A   B

     プレイヤー1 ●

(8)

ア＿＿＿＿＿＿＿

イ＿＿＿＿＿＿＿

ウ＿＿＿＿＿＿＿

エ＿＿＿＿＿＿＿

(9)

ア, イ   0, 1   1, 2   ウ, エ

W   X   Y   Z

プレイヤー2 ●   ● プレイヤー2

     A   B

     プレイヤー1 ●

(9)

ア＿＿＿＿＿＿＿

イ＿＿＿＿＿＿＿

ウ＿＿＿＿＿＿＿

エ＿＿＿＿＿＿＿

(10)

3, 1   0, ア   イ, ウ   エ, 0

W   X   Y   Z

プレイヤー2 ●   ● プレイヤー2

     A   B

     プレイヤー1 ●

(10)

ア＿＿＿＿＿＿＿

イ＿＿＿＿＿＿＿

ウ＿＿＿＿＿＿＿

エ＿＿＿＿＿＿＿

MEMO